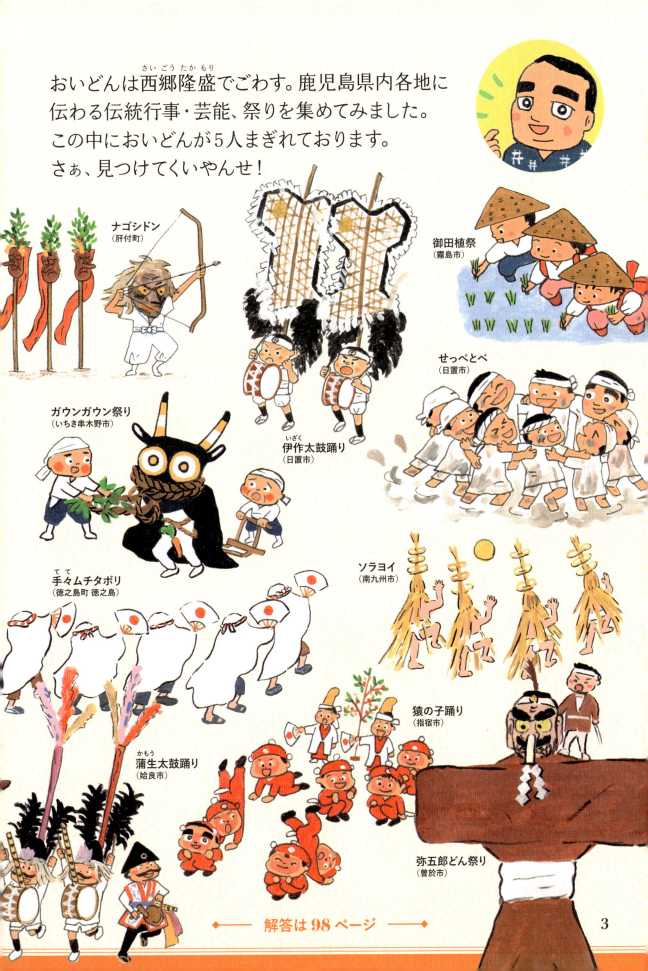

チェスト関ヶ原!! 敵中突破 まちがいさがし

天下分け目の決戦！ 関ヶ原の戦い。西軍・島津義弘軍は絶体絶命の中、勇猛果敢に正面から東軍に突撃して脱出しました。これぞ島津の敵中突破！

右の絵と左の絵には、ちがうところが10個あります。
まちがいをさがして、右の絵に○をつけましょう。

◆── 解答は100ページ ──◆

かごしま なつかし年表クイズ！

終戦から九州新幹線全線開業までの鹿児島の出来事をたどってみたよ！ イラストの❶〜❼の出来事が起きた年はいつでしょう？ 年表中のア〜キから選ぼう！

戦後12年を経て

❶ 鴨池空港が開港（　　）

明治22（1889）年に始まった鹿児島市制から60周年！

❷ おはら祭はじまる（　　）

昭和	20 1945	21 1946	24 1949	26 1951	27 1952	28 1953	32 1957	36 1961	37 1962	39 1964
	▼終戦 ▼枕崎台風 ▼山形屋、デパート営業を再開 ▼後の桜デパートとなる「桜商会」が鹿屋で開業	▼十島村・奄美群島が日本政府から分離	▼昭和天皇 戦後初のご来鹿 ▼（ア）	▼ルース台風	▼十島村が日本復帰	▼（イ）	▼（ウ）	▼丸屋デパート開店	▼（エ）	▼東京オリンピック

49年後（2024年）に惜しまれつつ閉店
❸ 鴨池ダイエーがオープン（　）
（ダイエー鴨池ショッパーズプラザ）

国体を機に鴨池にスポーツ施設が整備
❹ 太陽国体開催（　）

モントリオール五輪の年！
❺ 鹿児島市立病院で
五つ子ちゃん誕生
（　）

昭和23年に入門！
14年間の土俵人生
徳之島生まれ
❻ 第46代横綱
朝潮引退
（　）

終戦から8年！
❼ 奄美群島が
日本復帰
（　）

41 1966	43 1968	45 1970	46 1971	47 1972	49 1974	50 1975	51 1976	52 1977	57 1982
鶴田ダム完成	坊津で映画「007は二度死ぬ」ロケ。ショーン・コネリーら来鹿	種子島宇宙センターから初のロケット打ち上げ成功	鹿児島市の吉野公園オープン	鴨池陸上競技場オープン	平川動物公園オープン（オ）	与次郎ケ浜の埋め立て完成	黒之瀬戸大橋完成	蒸気機関車SLが姿を消す（カ）	西郷隆盛没後100年（キ）	サンライフプールオープン

解答は101ページ

かごしまなつかし年表クイズ！

イラストの❽〜⓮の出来事が起きた年はいつでしょう？ 年表中のク〜セから選ぼう！

アトランタオリンピックの年！

❽ 新県庁舎が鴨池に完成
（　　）

鹿児島市制施行100周年を記念

❾ サザンピア21開催
（　　）

まさかの90年代！

❿ 県内公立中で初めて長田中が男子の丸刈り校則を廃止
（　　）

15年後の2020年に惜しまれつつ閉店

⓫ ドルフィンポート開業
（　　）

昭和				平成			
58 1983	**59** 1984	**60** 1985	**62** 1987	**元** 1989	**2** 1990	**4** 1992	**5** 1993
黎明館オープン	県内唯一の私鉄「南薩線」が廃止／平川動物公園にコアラが仲間入り	鹿児島市電の上町線・伊敷線が廃止	国鉄宮之城線、大隅線、志布志線が廃止（ク）	高速船トッピー就航（ケ）	NHK大河ドラマ「翔ぶが如く」放送／韓国ー鹿児島直行便が就航／鹿児島市立図書館・科学館オープン	（コ）	屋久島が日本初の世界自然遺産に（サ）

⓬ 九州新幹線全線開業（　　）　あの震災の翌日に開業

2017年には30回記念大会！

⓭ 全国初の砂のイベント「吹上浜・砂の祭典」がはじまる（　　）

⓮ 8・6水害（　　）
Jリーグが始まった年

6 1994	**7** 1995	**8** 1996	**9** 1997	**16** 2004	**17** 2005	**19** 2007	**20** 2008	**23** 2011
霧島国際音楽ホール「みやまコンセール」が完成／全国高校野球選手権大会で樟南高校が準優勝	九州自動車道全線開通	（シ　）全国高校サッカー選手権大会で鹿児島実業が優勝	県北西部地震が発生	平成の市町村大合併が始まる	（ス　）	イオンモール鹿児島開業	NHK大河ドラマ「篤姫」放送／新燃岳噴火	（セ　）東日本大震災

← 解答は102ページ →

仮面＆仮装の神々

一年に一度、決まった時期に人間の世界にやってくる来訪神。
日本では、仮面などで仮装をした様々な来訪神が各地で
伝承されています。
この中に、鹿児島に伝わる来訪神が3ついます。
さがして○をつけましょう。

泣く子はいねえが〜

❶ ナマハゲ
Namahage

❷ パーントゥ
Pantou

泥を塗りつける!!

❸ トシドン
Toshidon

トシモチをくれるどん！

鹿児島の日本一をさがせ！

鹿児島県には「日本一」のものがたくさんあります。
次の中に鹿児島の日本一のものが8つあります。
さがして〇をつけましょう！

❶ 日本一の大鈴

❷ サツマイモの生産量日本一

❸ 温泉の源泉数日本一

❹ 竹林面積日本一

❺ 離島の数日本一

岩コレクション

生きもののかたちに見えたり、偉人の横顔に見えたり……。
鹿児島県内で見られる特徴的な巨岩・奇岩を集めてみました！
それぞれなんという愛称で呼ばれているでしょう？
右ページの**ア～ケ**から選ぼう！

ウホッ！

❶ 枕崎の火之神公園沖にそびえ立つ。高さ42m！

こたえ（　　　）

❷ 徳之島町の南東部、亀津の海岸近く
ずんぐりとした肩にこの横顔は、まさにアレ！

こたえ（　　　）

❸ 南さつま市坊津沖
江戸時代の浮世絵師・歌川(うたがわひろしげ)広重も浮世絵に残しました。

こたえ（　　　）

❹ 龍郷町赤尾木集落近くの海岸
干潮の時だけ姿をあらわします♡

こたえ（　　　）

= この中から選ぼう！=

ア. 双剣石　　イ. たぬき岩　　ウ. ハートロック
エ. 立神岩　　オ. ナポレオン岩　カ. カブト虫岩
キ. 人形岩　　ク. ゴリラ岩　　ケ. 雄龍・雌龍の岩

❺ 桜島・烏島展望所と
赤水展望広場の中間あたり
あの動物の横顔に見える…？

こたえ（　　　　）

❻ 下甑島・瀬々野浦沖
高さ122m。帽子をかぶった
あの偉人に見える!?

こたえ（　　　　）

❼ 薩摩川内市西方海岸
国道3号線ドライブ時には必見！

こたえ（　　　　）

❽ 中種子町の星原小学校近く
嵐の夜に海に投げ出された
夫婦の生まれ変わりとの
伝説が残る。

こたえ（　　　　）

⟵ 解答は105ページ ⟶

五穀豊穣！
田の神さがしめいろ

五穀豊穣(ごこくほうじょう)を祈る田んぼの神様・田の神。
スタートからすべての田の神をめぐってゴールへすすみましょう。
同じ道は2度と通れません。ゴールできたら豊作まちがいなし！

この本を手に取られたみなさまへ

　みなさんは、自分たちが暮らす鹿児島のことが好きですか？
　もちろん大好き！という人もいれば、好きかどうかなんて考えたことがない、わからない、という人も多いかもしれません。
　見慣れた景色、身近な自然や文化、食……日常に当たり前にあるものも、掘り下げてみたり、視野を広くして捉えてみると、新しい発見があったり、とても貴重で尊いものであることに気づきます。
　例えば、鹿児島の日常の風景にある桜島フェリー。その始まりはいつだったのでしょう？　最初の船の大きさは、一体どのくらいだったのでしょう？
　例えば、今から2万6000年前の桜島が誕生した時代。地球上では、ほかにどんなことが起こっていたのでしょう？
　この本では、そんな疑問をクイズにしたり、かごしま弁や郷土料理、鹿児島の山や島、昔あった動物園や懐かしい駅のことなど、いろんなジャンル、いろんな時代の鹿児島をクイズにしています。

　南北600kmの鹿児島を旅するように、また、昔懐かしい時代の鹿児島へタイムトリップするかのように、ここに集めたクイズを楽しんでもらえたら幸いです。そして今の鹿児島を創ってこられた団塊・昭和世代の方々には懐かしく記憶に響くような、これからの鹿児島を創る若い世代には、鹿児島のおもしろさを感じ、郷土を好きになってもらえるような本になっていたら嬉しいです。

2024年11月　奥脇真由美

もくじ

はじめに ……………… 17
この本の使いかた ……… 21

1 巻頭スペシャルクイズ …… 2

鹿児島の伝統行事大集合！ 西郷どんをさがせ！ …… 2
チェスト関ヶ原！ 敵中突破まちがいさがし …… 4
かごしまなつかし年表クイズ！ …… 6
仮面&仮装の神々 …… 10
鹿児島の日本一をさがせ！ …… 12
岩コレクション …… 14
五穀豊穣！ 田の神さがしめいろ …… 16

2 かごしま弁クイズ …… 22

かごしま弁ワールド …… 22
ピラミッどん！クイズ …… 25
かごしま弁de アナグラム …… 26

3 郷土料理クイズ …… 32

この材料でなにできる？ …… 32
郷土料理さがしクイズ …… 35
なまえの意味は？ …… 36
カツオを活用！クイズ …… 39

4 動物クイズ ……… 40

むかし、〇〇に動物園がありました… 40
[コラム] 鴨池に、動物の声が聞こえ
　　　　白砂青松の砂浜があった時代 …… 44
昔の動物園周辺地図クイズ ……… 45 
1972年 平川動物公園オープン！ ……… 46
かごしま×動物 ……… 48

5 歴史クイズ ……… 50

西郷どん！クイズ ……… 50
鹿児島偉人カルタで遊ぼう！ ……… 54

6 山クイズ ……… 56

桜島クイズ ……… 56
かごしまの山々 ……… 60

7 島クイズ ……… 64

かごしまの島々 ……… 64
島にまつわる早口言葉集 ……… 67
ちょっと気になる島ネタあれこれ ……… 68

8 乗り物クイズ …… 72

- かごしまのレールウェ〜イ♪鉄道クイズ …… 72
- ちょこっと市電クイズ …… 76
- なつかしき西駅クイズ …… 78
- 島々をつなぐ船・船・船！ …… 80

9 全市町村クイズ …… 84

- 県内43市町村キーワードクイズ …… 84
- 市町村合併クイズ …… 96

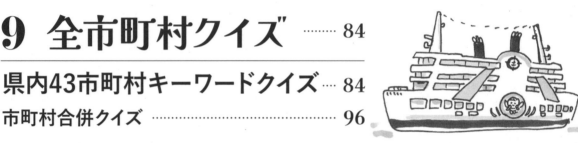

解答と解説 …… 97

- 1　巻頭スペシャルクイズ …… 98
- 2　かごしま弁クイズ …… 106
- 3　郷土料理クイズ …… 109
- 4　動物クイズ …… 112
- 5　歴史クイズ …… 117
- 6　山クイズ …… 120
- 7　島クイズ …… 124
- 8　乗り物クイズ …… 127
- 9　全市町村クイズ …… 133

- おまけ ぬりえ …… 140
- あとがき …… 142
- 参考文献 …… 143

この本の使いかた

> おうちや学校、職場で使うときは、コピーをして書きこんだり解答用紙を作ったり工夫して、みんなで楽しもう！

1 どの問題から解いてもOK！

選択問題に記述式問題、まちがい探しに迷路、いろいろなクイズがあります。
おもしろそうなページ、好きな分野の問題から始めましょう。

2 問題を解いたら解答・解説へ！

全問解いてから答え合わせするもよし。章ごとに解答を見るもよし。
かんたんな問題から難問・珍問までたっぷり。
ヒントもいろいろなところにあります。みんなで楽しくクイズしよう！

3 もっと知りたくなったら

知っていること、知らなかったこと、たくさんあったと思います。
もっと知りたくなったら、本屋さんや図書館に行ったり、
インターネットで調べてみましょう。巻末の参考文献もご覧ください。
鹿児島のこと、もっと知ろう！

鹿児島のいまと昔と南北600キロを、クイズで旅しよう！

※本書のクイズは特に断りのない限り2024年10月現在の情報をもとに制作されています。

2 かごしま弁クイズ

かごしま弁ワールド

次の言葉はかごしま弁で何と言う？
それぞれ2択から選ぼう！

1 私

①オイ　②ワイ

2 がんこ者

①ボッケモン　②イッコッモン

3 お年寄り

①トイナモン　②ニセンシ

4 もったいない

①モックイモックイ
②アッタラシカ

◆──── 解答は106ページ ────◆

5 みんなで

①ミロゴチャ　②ヨロッデ

6 犬

①イン　②ワン

7 乱れ髪

①ヨンゴヒンゴ　②ヤンカブイ

8 ガマガエル

①ガンタレ　②ドンコ

9 黒板消し

①ラーフル　②マフラー

10 かたぐるま

①ビビンコ　②ヤッデコ

11 めちゃくちゃ

① メッチャメ　② チングワラッ

12 おくびょうもの

① ヤッセンボ　② ゴッタマシイ

13 たくさん

① イッペコッペ　② ズンバイ

14 たいがい、おおざっぱ

① テゲテゲ　② キンゴキンゴ

15 困るねえ、大変だねえ

① はがいかねぇ　② のさんねぇ

16 いろり

① ロバタ　② ユルイ

ピラミッどん！クイズ

西郷どんのふるさと、下加治屋町に突如現れた謎の建造物、ピラミッどん！ 下のヒントを読んで□を埋めよう。

2 かごしま弁クイズ

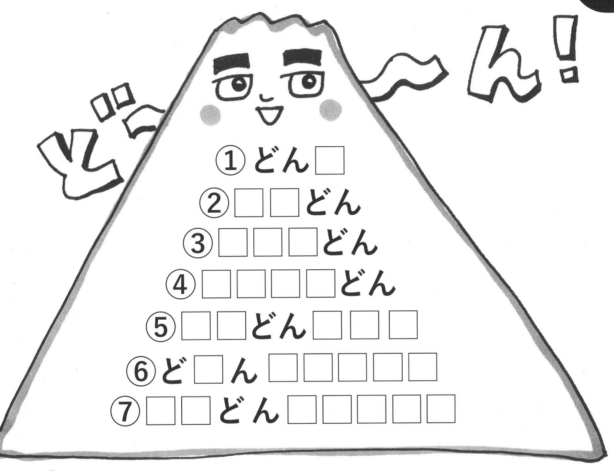

① どん□
② □□どん
③ □□□どん
④ □□□□どん
⑤ □□どん□□
⑥ ど□ん□□□□
⑦ □□どん□□□□

💡ヒント！

① ガマガエルのこと　　②西郷隆盛の愛称
③ カスタードクリームの入った鹿児島のお菓子
④ 身長4m85cmの大男
⑤ JAの直売所。鹿児島市与次郎と谷山にある
⑥ MBC南日本放送の長寿番組
⑦ 和傘を燃やす鹿児島三大行事のひとつ

解答は107ページ

2 かごしま弁クイズ

かごしま弁 de アナグラム

アナグラムとは、ある文章や単語の文字を入れ替えて別の意味にさせる言葉遊びのこと。
2つのかごしま弁を並べ替えてひとつの言葉を作ったよ。
どんなかごしま弁がかくれているかな？

（例）だれかやぐらめし

ひとつの文を2つに分けて、並べ替えてみよう！

だ れ　　　や　　　め　　　→だれやめ
か　　ぐ　　ら　　　し　　　→ぐらしか

やぐらでメシ？

こたえ：「だれやめ」と「ぐらしか」

まずはおさらいしよう！
このクイズに出てくるかごしま弁

※かごしま弁は同じ意味でも地域によって言い方が違うことがあります。
このクイズでは下の一覧にある言い方が答えになっているよ！

よかにせ → 美青年、好青年

ぶにせ →「よかにせ」の反対

よかおごじょ → 美人、きれいな娘さん

さるく → 歩く、歩き回る

ぐらしか → かわいそうな、むごい

だれやめ → 晩酌（ばんしゃく）

げんね → かっこ悪い

びんてきた → 頭にきた

いっき → すぐに

あいがとさげもした → ありがとうございました

チェストいけ → 負けるな！　気合を入れていけ！

だれた → 疲れた

なんつぁならん → 何とも言えない、言葉にならない

おやっとさあ → お疲れさま

きばいやんせ → がんばってください、がんばりなさいませ

ラーフル → 黒板消し

よんごひんご → 曲がりくねった、ちぐはぐな、ゆがんだ

ぴがささっ → とげ（「ぴ」）がささる

てげてげでよかが → たいがいでいいよ、おおざっぱでいいよ

おさいじゃったもんせ → おいでください、いらっしゃいませ

1 モアイとサイが、劇したっ！

もあいとさいがげきしたっ

モアイとサイの、文化祭！

ヒント！
・「ありがとうございました」のかごしま弁は？
・「すぐに」のかごしま弁は？

こたえ（　　　　　）と（　　　　　）

2 ビンにブタ着せて

びんにぶたきせて

ヒント！
・「頭にきた」のかごしま弁は？
・「よかにせ」の反対の意味のかごしま弁は？

こたえ（　　　　　）と（　　　　　）

解答は108ページ

3 サルに良く貸せ

さるによくかせ

ヒント！
- 「歩く」のかごしま弁は？
- かごしま弁で「美青年」のことを何と言う？

こたえ（　　　　　）と（　　　　　）

4 誰とチェスいけた？

だれとちぇすいけた

ヒント！
- 気合を入れる時のかごしま弁のかけ声
- 「疲れた」のかごしま弁

こたえ（　　　　　）と（　　　　　）

5 品良かジョン、午後泳ご♡

ひんよかじょんごごおよご

> 💡 **ヒント!**
> ・「曲がりくねった」「ゆがんだ」
>   を意味するかごしま弁
> ・きれいな女性のことを
>   かごしま弁で何と言う?

品のよかジョンです

こたえ（　　　　　）と（　　　　　）

6 ピッツァなら、三男がさ！

ぴっつぁならさんなんがさ

> 💡 **ヒント!**
> ・「とげがささる」を
>   かごしま弁で何と言う?
> ・「何とも言えない」
>   「言葉にならない」
>   時のかごしま弁は?

おいにまかせ！

長男　次男　三男

こたえ（　　　　　）と（　　　　　）

解答は108ページ

7 おや？　フラーっと漁る
おやふらーっとあさる

- かごしま弁で「黒板消し」
- かごしま弁で「お疲れさま」

ついついフラ〜ッとね

こたえ（　　　　　）と（　　　　　）

8 げげげ！　手が寝んで良かて
げげげてがねんでよかて

- かごしま弁で「たいがいでいいよ」
- かごしま弁で「かっこ悪い」

まだねたくないの

こたえ（　　　　　）と（　　　　　）

9 先生もお野菜きばったじゃん！
せんせいもおやさいきばったじゃん

- かごしま弁で「がんばってください」
- かごしま弁で「おいでください」

ピーマンきばって食う先生！

こたえ（　　　　　）
　　と（　　　　　）

◆── 解答は **108** ページ ──◆

3 郷土料理クイズ

この材料でなにできる？

次の材料でできる郷土料理はなんでしょう？
○にあてはまる文字を入れましょう。

※作る人や地域で材料が変わる場合もありますが、ここでは『はじめての郷土料理』（千葉しのぶ）を参照しています。

1. もち米、あく汁、竹皮、きなこ、砂糖

こたえ　○く○○

2. さつまいも、もち、きなこ、砂糖、塩

こたえ　ね○○ぼ

← 解答は109ページ →

3 郷土料理クイズ

3 だんご粉、さらしあん、
砂糖、塩、水、ニッキの葉

こたえ　〇せん〇んご

ニッキニッキ！

どうも。ともだちのかからんだんごです

4 小麦粉、重曹、
卵、粉黒糖、酢、
はちみつ、水

こたえ　ふ〇れ〇し

ふっくら ふっくれ

解答は109ページ

5 魚のすり身、豆腐、卵、砂糖、地酒
さつまいもでんぷん、塩、油

こたえ　○け○げ

ぼくはエソです
いろんな魚を使います

6 もちあわ、水、砂糖、しょうが

こたえ　あわんな○と

しょうがの風味が決め手

7 小麦粉、重曹、粉黒糖、水

こたえ　○○ん○

黒砂糖たっぷり！

郷土料理さがしクイズ

100年先にも伝えたい、かごしまの郷土料理。下のマス目の中から郷土料理の名前を10個探そう。名前は縦と横に並んでいます。ヒントもあるよ！

ち	ん	こ	だ	ん	と	り	さ	し
く	じ	か	る	か	ん	し	や	ま
あ	や	つ	び	び	こ	ん	ぎ	じ
く	め	お	つ	さ	つ	ま	じ	る
ま	な	の	し	る	へ	の	る	さ
き	だ	び	ゆ	の	え	む	え	つ
げ	た	ん	は	い	こ	も	ち	ま
ん	ぶ	た	み	そ	り	ら	ま	る

💡 **ヒント！**

①煎った米粉を練り上げたもち菓子　②やまいもを使った薩摩銘菓　③あく汁に浸したもち米を使う　④豚肉のコクが効いたご飯のおとも　⑤鶏肉、大根、人参、こんにゃく、ごぼう……具だくさんのお汁　⑥かごしま独特の刺身と言えば？　⑦焼酎や黒糖でこっくり煮込んだ肉料理　⑧アレの頭の料理　⑨奄美群島の郷土料理でアレの肉を使った汁　⑩黒糖がしっとり染みたお菓子

◆── 解答は110ページ ──◆

3 郷土料理クイズ

なまえの意味は？

鹿児島の郷土料理の中には、聞いただけではどんな料理かわからない名前のものがいろいろあります。
そんな鹿児島の郷土料理の名前にまつわるクイズをつくったよ。正解をひとつ選びましょう。

1 さつまいもを揚げた郷土料理「がね」って何のこと？

① こがねいろの「がね」
② 「カニ」がなまって「がね」
③ おろしがねの「がね」
④ かごしま弁の「〜だがね」の「がね」

さつまいもの甘味がグッド！

2 「つあんつあん」は何が入った炊き込みご飯？

① あんこ
② さつまいも
③ ナタマメ
④ 落花生

大隅の郷土料理！

解答は 110 ページ

3 「きらっのすい」の
「きらっ」って何のこと？

　① きびなご
　② きらきら
　③ おから
　④ しらす

魚と大豆で滋養たっぷり

4 「ふっのだご」の「ふっ」の意味は？

　① ふたつ
　② カメムシ
　③ よもぎ
　④ お麩（ふ）

ふっふっふっふ〜の
ふふふのふ〜

5 「ぢゃんぼもち」の「ぢゃんぼ」って何のこと？

　① 大きい
　② すっごく甘い
　③ 「こんにちは」
　④ 二本の刀

桜島をながめながら食べると最高！

解答は **111** ページ

6 「さつますもじ」の「すもじ」って何のこと？

① お椀(わん)
② しゃもじ
③ 力士
④ ちらし寿司

7 鹿児島で「おかべ」と言えばなんでしょう？

① おから
② 豆腐
③ おいも
④ おかず

8 さつまいもでんぷんを使った料理「かねんすい」の、「かね」ってなんでしょう？

① カニ
② でんぷん
③ 葛(くず)
④ 金

解答は **111** ページ

カツオを活用！クイズ

鹿児島を代表する魚、カツオ。様々な用法で活用されていますが、次の活用法で間違っているものをひとつ選びましょう。

① カツオのぼり

② カツオブシ

③ カツオのたたき

④ 茶節（ちゃぶし）

⑤ そうめんを食べる

⑥ 頭にかぶる

⑦ 乗りもの

⬅ 解答は **112** ページ ➡

4　動物クイズ

むかし、〇〇に動物園がありました…

鹿児島の動物園と言えば平川動物公園ですが、昔は別の場所に動物園がありました。なつかしの動物園クイズです。

1 このクイズのタイトルの〇〇に入る地名は？
① 喜入（きいれ）　② 桜島（さくらじま）　③ 鴨池（かもいけ）　④ 城山（しろやま）

2 この動物園は、日本で何番目にできた動物園でしょうか？
① 日本初　　② 2番目
③ 3番目　　④ 4番目

3 昭和20年代中ごろの大人の入園料はいくらだったでしょう？

① 20円　　② 50円
③ 80円　　④ 120円

> **memo**
> 当時はたい焼きが5円、カレーライスが80円、2ℓのしょうゆが140円という時代でした。

解答は **112** ページ

4 昭和26（1951）年、この動物園にタイからオスとメスの
ゾウがやってきました。何という名前だったでしょう？

オス
①トムくん
②タイくん
③ドムくん
④トムヤムくん

メス
⑤チェンマイちゃん
⑥タイ子ちゃん
⑦マリンちゃん
⑧ナン子ちゃん

5 昭和31（1956）年「時の記念日」に、当時の動物園から
市役所までゾウが歩いて行きました。
何分何秒かかったでしょう？

① 43分21秒
② 51分29秒
③ 90分00秒
④ 123分45秒

市役所本館の建物は、現在もほぼ当時のまま

6 昭和39（1964）年、東京オリンピックの年にはこの動物園内
にモノレールが完成しました。何と呼ばれていたでしょう？

①オリンピア号
②金メダル号
③さくらじま号
④かもいけ号

サイコーの眺め！

42　　解答は113ページ

7 この動物園のシンボルとも言える塔。どのように活用されていたでしょうか？

① 展望台
② 見張り台
③ すべり台
④ ロケット発射台

8 昭和33(1958)年6月に、この動物園内にオープンした施設は？

① 映画館
② プラネタリウム
③ 水族館
④ 美術館

◆── 解答は **113** ページ ──◆

9 昭和42(1967)年当時の動物園になかったものは？

①ゴーカート場　　②ミラーハウス
③飛行塔　　　　　④足湯

10 昭和26(1951)年に動物園に大きな被害をもたらした台風は？

①ダイノ台風　　　②キティ台風
③枕崎台風　　　　④ルース台風

---

column

鴨池に、動物の声が聞こえ　白砂青松の砂浜があった時代

大正5(1916)年に開園した鴨池動物園は日本で4番目にできた動物園でした。この一帯は藩政時代、黒木島津家の別荘だったそうです。戦時下には軍命令で猛獣の殺処分をしなければならなかったり、昭和26年には甚大な台風被害に見舞われたり、大変な時代を乗り越えながら、広く市民・県民に愛されていました。

昭和20～30年代にはキリンやゾウなどが次々と仲間入り。昭和35年には都市計画で動物舎の大部分を移転するといったリニューアルもありました。

小学生の遠足やスケッチ大会の定番スポットであり、敷地内の遊園地やボート池も賑わって、当時の写真からは老若男女の憩いの場であったことが伺えます。

与次郎ヶ浜は埋め立て前で、白砂青松の砂浜が広がっていました。

また、このころの鹿児島県の人口は戦後いちばんのピークで、昭和30年には200万人を超えていました。

昔の動物園周辺地図クイズ

これは昭和40年代の動物園の周りの地図です。
今とはなんだか様子が違いますね。下の問題に答えましょう。

1 地図A地点は海を埋め立てていますね。
2024年現在で、ここにない施設は何でしょう？

①サンロイヤルホテル　　②白波スタジアム
③フレスポジャングルパーク　　④ジャングルパーク遊園地

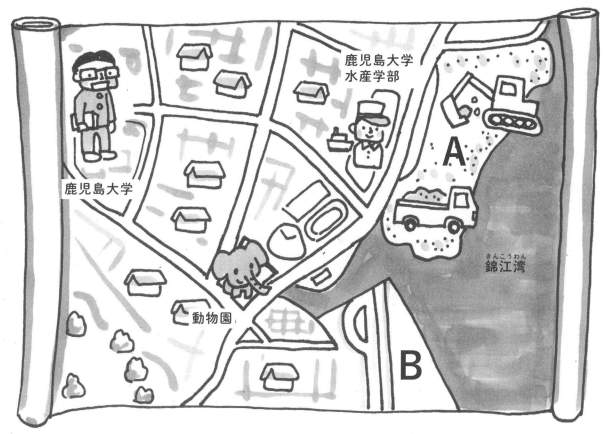

2 地図のB地点にある施設はいったい何でしょう？
①運動場　②空港　③競馬場　④サーキット

解答は**114**ページ

4 動物クイズ

1972年 平川動物公園オープン！

コ、コ、コアラ、こんにちは〜♪
平川動物公園は日本で初めてコアラの飼育下繁殖に成功した動物園です！

1 昭和47（1972）年10月に開園した平川動物公園。開園と同じ年の出来事は？

① アポロ11号による人類初の月面着陸
② 札幌オリンピック
③ 東京ディズニーランド開園
④ つくば万博

2 平川動物公園にオーストラリアからコアラがやってきたのはいつ？

① 1975年（昭和50年）
② 1984年（昭和59年）
③ 1988年（昭和63年）
④ 1989年（平成元年）

3 日本で初めてコアラの飼育を始めた動物園が、平川動物公園以外にも2か所あります。次の4つのどことどこでしょう？

① 金沢動物園（横浜市）
② 多摩動物公園（東京都）
③ 東山動物園（名古屋市）
④ 天王寺動物公園（大阪市）

解答は115ページ

4　動物クイズ

4 平川動物公園に初めてやってきた2頭のコアラに付けられた名前は？　2つ選びましょう。

①ユーカリ　　②ネムネム　　③ドムドム
④はやと　　　⑤ミナミ　　　⑥スクスク

5 昭和62（1987）年に、平川動物公園内の遊園地に完成した大型遊具は？

①メリーゴーランド
②飛行塔
③観覧車
④グレートポセイドン

ヒント！
2024年現在ではもうなくなっている遊具だよ！

6 平川動物公園内の休養広場にあるメルヘン調の時計塔。15分おきに何がでてくる？

①シンデレラ姫
②しらゆき姫
③ヘンゼルとグレーテル
④ぐりぶー

解答は115ページ

4 動物クイズ

かごしま × 動物

鹿児島のさまざまな場所に関係する動物や虫、生きものにまつわる行事などを集めました。それぞれにあてはまる場所を右ページのア～ソの中から選びましょう。

①ウミネコまつり（　）

②ツルの渡来地（とらいち）（　）

③初午祭（はつうまさい）（　）

④浜競馬（はまけいば）（　）

⑤ベッコウトンボ（　）

⑥くも合戦（　）

⑦カブト虫相撲大会（すもう）（　）

◆――― 解答は 116 ページ ―――◆

4 動物クイズ

この中から選ぼう！

- ア．屋久島（やくしま）
- イ．照島海岸（てるしまかいがん）
- ウ．中之島（なかのしま）
- エ．喜界島（きかいじま）
- オ．藺牟田池（いむた）
- カ．大崎町（おおさきちょう）
- キ．姶良市加治木町（かじきちょう）
- ク．鹿児島神宮（じんぐう）
- ケ．出水市（いずみ）
- コ．硫黄島（いおうじま）
- サ．南さつま市大浦町（おおうらちょう）
- シ．獅子島（ししじま）
- ス．馬毛島
- セ．奄美大島・徳之島（あまみ・とくのしま）
- ソ．甑島（こしきしま）

⑧ クジラの眠る丘（　　）　　⑨ クビナガリュウ（　　）

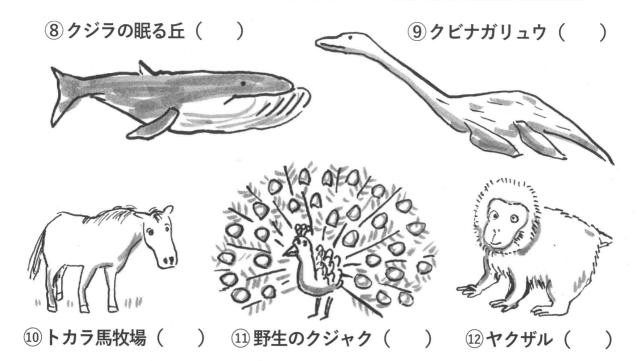

⑩ トカラ馬牧場（　　）　⑪ 野生のクジャク（　　）　⑫ ヤクザル（　　）

⑬ マゲシカ（　　）

⑭ アマミノクロウサギ（　　）

解答は 116 ページ

5 歴史クイズ

西郷どん！クイズ

おいどんは、西郷隆盛（さいごうたかもり）。
西郷どん（せごどん）と呼ばれておりもす。
さあ、問題を解いてみやんせ！

1 西郷どんの推定（すいてい）身長は？
① 178cm　② 185cm
③ 198cm　④ 202cm

2 西郷どんの推定体重は？
① 160kg　② 145kg
③ 130kg　④ 110kg

3 西郷どんの血液型は？
① A型　② B型
③ O型　④ AB型

4 西郷どんは何人きょうだいだったでしょう？
① 4人　② 5人
③ 7人　④ 9人

◆── 解答は 117 ページ ──◆

50

5 西郷どんが、妻・愛加那と息子・菊次郎のために家を建てたのは奄美大島の現在のどこでしょう？

① 瀬戸内町　② 龍郷町
③ 宇検村　　④ 大和村

6 西郷どんが奄美大島で暮らしていた時の名前は？

① 西郷小吉　② 大島吉之助
③ 菊池源吾　④ 西郷隆永

7 東京の上野公園にある西郷どん銅像の、西郷どんが連れている犬の銅像をつくった人は誰でしょう？

① 安藤照　　② 後藤貞行
③ 高村光雲　④ 中村晋也

8 西郷どんの有名な愛犬ツンの出身地には銅像があります。どこのまちでしょう？

① さつま町　② 薩摩川内市
③ 伊佐市　　④ 指宿市

解答は117ページ

9 西郷どんは、畑仕事の帰りに馬を道から落っことしてしまいました。その土地の名前はなんでしょう？

① 催馬楽（せばる）　　② 堅馬場（たてばば）
③ 騎射場（きしゃば）　　④ 駄馬落（だばらく）

10 次の西郷どんの銅像やオブジェはどこにあるでしょう？それぞれア～エから選ぼう。

① （　　）　② （　　）　③ （　　）　④ （　　）

この中から選ぼう！
ア．城山町（しろやまちょう）　イ．吹上温泉（ふきあげ）
ウ．鰻温泉（うなぎ）　エ．川内高城温泉（せんだいたき）

解答は118ページ

5 歴史クイズ

11 西郷どんが晩年に暮らした西郷武屋敷の広さはどのくらいだったでしょう？

①約40坪（132㎡）
②約100坪（330㎡）
③約800坪（2640㎡）
④約1100坪（3636㎡）

12 趣味や特技が豊富だった西郷どんですが、苦手だったことはなんでしょう？ 2つ選びましょう。

①お酒を飲む

②みそをつくる

③剣術

④狩り

⑤わらじを編む

⑥温泉

解答は 118 ページ

5 歴史クイズ

鹿児島偉人カルタで遊ぼう！

突然ですが、鹿児島の偉人クイズの紹介は
歴史家の下豊留佳奈(しもとよどめ かな)さんにバトンタッチです！
それでは下豊留さんどうぞ！

こんにちは！『鹿児島偉人カルタ55』の作者・下豊留佳奈です！
偉人を楽しく学べるカルタで遊んでみましょう！
①～⑩の取り札に合う文章を、右ページの**ア～コ**からそれぞれ選んでください！

下豊留佳奈
郷土史家。原口泉氏の助手兼秘書を経てオフィスいろは代表。週刊モーニング掲載『だんドーン』の監修を担当している。

① (　)　② (　)　③ (　)　④ (　)

◆──── 解答は **119** ページ ────◆

5 歴史クイズ

声に出して読みたい偉人カルタ！　この中から選ぼう

- ア．女性初！　帝大卒の　農学博士
- イ．海軍の　父と呼ばれた　総理大臣
- ウ．日銀の　設立をした　モテ総理
- エ．浪高し　Z旗掲げろ　日本海
- オ．西郷どんの　思い紡いだ　おごじょ妻
- カ．内務卿　為政晴明　国つくり
- キ．大阪の　経済救った　大恩人
- ク．大警視　聲無キニ聞キ　形無キニ見ル
- ケ．実方の　剣豪人斬り　半次郎
- コ．龍郷で　菊池源吾と　愛燦燦

おいどんが読むでごわす

⑤（　）　⑥（　）　⑦（　）

東郷 平八郎　五代 友厚　桐野 利秋
丹下 梅子　山本 権兵衛　愛加那

⑧（　）　⑨（　）　⑩（　）

解答は**119**ページ

6 山クイズ

桜島クイズ

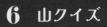

鹿児島のシンボル
桜島(さくらじま)のふしぎと魅力を
ギュギュッ！と
詰め込んだ
クイズです！

1 桜島の高さ（標高(ひょうこう)）はどのくらい？
　① 677m　　② 922m　　③ 1117m　　④ 1930m

2 桜島一周はどのくらいの距離？
　① 12km
　② 36km
　③ 1117m
　④ 1930m

解答は **120** ページ

3 登っていいのは何m地点まで?

① 373m　② 461m
③ 530m　④ 720m

memo
1955年ごろまでは山頂まで登れていた桜島。遠足で登山したことがあるという人もいるよ!

4 湯之平展望所の標高にいちばん近い高さのものはどれ?

① ブルジュ・ハリファ(828m)
② 東京スカイツリー(634m)
③ 東京タワー(333m)
④ 通天閣(108m)

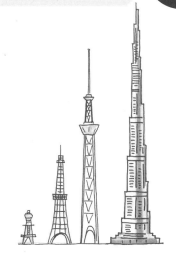

5 桜島は鹿児島市の城山の約何倍の高さでしょう?

①約2倍　②約5倍　③約7倍　④約10倍

6 富士山は桜島の約何倍の高さでしょう?

① 約1.5倍　② 約2倍
③ 約2.5倍　④ 約3.5倍

7 次の中でいちばん若い山はどれ?

① 富士山　② 桜島
③ 開聞岳　④ 韓国岳

解答は **120** ページ

8 桜島が生まれたのはどんな時代？

① 恐竜が暮らしていた時代
② 琵琶湖ができた時代
③ ネアンデルタール人がいた時代
④ 地球の約半分が氷に覆われていた最終氷期

💡ヒント！ 桜島は今から2万6000年前に誕生したと言われているよ

9 桜島が大隅半島とつながったのはいつの大噴火のとき？

① 天平宝字の大噴火（奈良時代）
② 文明の大噴火（室町時代）
③ 安永の大噴火（江戸時代）
④ 大正の大噴火（大正時代）

memo 🖌
桜島は2万6000年前に誕生してからこれまで（2024年まで）に17回の大噴火を繰り返しているよ

10 安永の大噴火（1779年）の影響で海底が持ち上がり新しくできた島は次のうちどれ？

① 沖小島
② 弁天島
③ 新島
④ 辺田小島

11 安永の大噴火よりもあとの時代のできごとは？

① フランス革命　　　　② アメリカ独立宣言
③ ベートーベンが生まれる　　④ 山形屋の創業

12 大正の大噴火では桜島のどこが噴火した？

① 北岳と南岳の山頂　　　② 北岳の山頂

③ 南岳の山頂　　　　　　④ 南岳と北岳の山腹

13 桜島には火山災害に備えて避難港が設けてあります。何か所あるでしょう？

① 7か所　　② 14か所
③ 22か所　　④ 31か所

💡 ヒント！
桜島の周囲は約52km。
避難港は平均2〜3km
おきに設けられているよ！

◆ 解答は **121** ページ ◆

6 山クイズ

かごしまの山々

登ってもよし、眺めてもよし。鹿児島にはさまざまな山があります。もっと知りたい、かごしマウンテン！

1 鹿児島でいちばん高い山は？
① 桜島　　② 韓国岳（からくにだけ）
③ 大箆柄岳（おおのがらだけ）　　④ 宮之浦岳（みやのうらだけ）

2 「薩摩富士」と言えば？
① 八重山（やえやま）　　② 開聞岳（かいもんだけ）
③ 桜島　　④ 宮之浦岳

3 大隅（おおすみ）半島でいちばん高い山は？
① 稲尾岳（いなおだけ）　　② 甫与志岳（ほよしだけ）
③ 御岳（おんたけ）　　④ 大箆柄岳

解答は 122 ページ

鹿児島 山々マップ

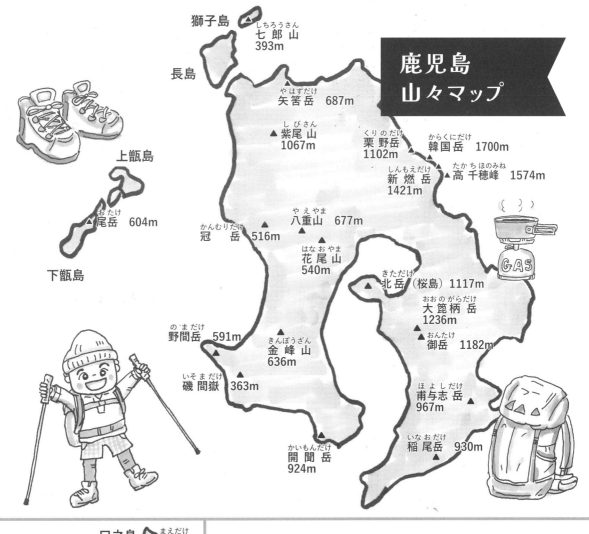

獅子島 七郎山 393m
長島 矢筈岳 687m
紫尾山 1067m
栗野岳 1102m　韓国岳 1700m
新燃岳 1421m　高千穂峰 1574m
上甑島 尾岳 604m
下甑島
冠岳 516m　八重山 677m
花尾山 540m
北岳（桜島）1117m
大箆柄岳 1236m
野間岳 591m　　　　御岳 1182m
金峰山 636m
磯間嶽 363m
甫与志岳 967m
開聞岳 924m　稲尾岳 930m

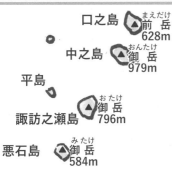

口之島 前岳 628m
中之島 御岳 979m
平島
諏訪之瀬島 御岳 796m
悪石島 御岳 584m

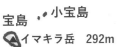

宝島　小宝島
 イマキラ岳 292m

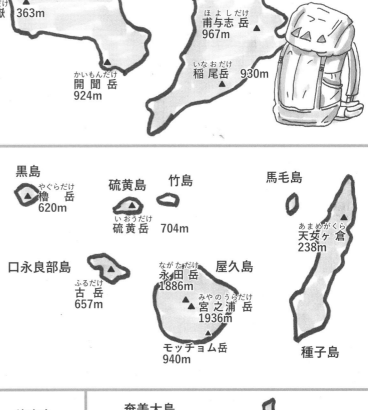

黒島 櫓岳 620m
硫黄島 硫黄岳 704m　竹島
馬毛島
口永良部島 古岳 657m
屋久島 永田岳 1886m　宮之浦岳 1936m　モッチョム岳 940m
天女ヶ倉 238m
種子島

与論島
沖永良部島 大山 240m
徳之島 井之川岳 645m
奄美大島 湯湾岳 694m
喜界島

4 鹿児島に活火山はいくつある？

　①1　　②3　　③6　　④11

> memo
> 火山噴火予知連絡会では「概ね過去1万年以内に噴火した火山及び現在活発な噴気活動のある火山」を「活火山」と定義しているよ。

5 登山の定番スポットのひとつである霧島連山。
霧島の山々の中でいちばん高い山は？

　①高千穂峰　　②新燃岳
　③白鳥山　　　④韓国岳

6 霧島連山には火口湖（火山の噴火口に水がたまってできた湖）がいくつかあります。
次のうち霧島連山の火口湖ではないものはどれ？

　①大浪池　　　　②住吉池
　③六観音御池　　④不動池

7 日本の新婚旅行の始まりと言われる坂本龍馬と妻・お龍の鹿児島旅行。
二人が霧島の高千穂峰の山頂で引っこ抜いたのはなんでしょう？

　①大きなカブ　　②草薙の剣
　③天の逆鉾　　　④金の鯱鉾

解答は122ページ

6 山クイズ

8 それぞれのキーワードに当てはまる山はどれかな？
下の**ア〜ク**から選ぼう。

① ・徐福伝説（中国は秦の時代に、徐福という方士が不老不死の薬を求めてやってきたという伝説）
　・八十八ヶ所歩き遍路
　・山の名前を冠した温泉がある

こたえ（　　　　　）

② ・2015年に大規模噴火
　・ユネスコエコパーク（生物圏保存地域）に認定
　・湯向温泉、西之湯温泉などの温泉が麓にある

こたえ（　　　　　）

③ ・標高636m
　・美人岳とも呼ばれる
　・「薩摩半島の三名山」のひとつ

こたえ（　　　　　）

④ ・大隅半島の山
　・照葉樹の森
　・1967（昭和42）年、天然記念物に指定

こたえ（　　　　　）

この中から選ぼう

ア. 稲尾岳　　イ. 硫黄岳（硫黄島）　　ウ. 金峰山　　エ. 開聞岳
オ. 紫尾山　　カ. 新岳（口永良部島）　　キ. 野間岳　　ク. 冠岳

9 山同士がケンカをする伝説がたくさんあります。金峰山と野間岳のケンカはどんな対決だったでしょうか？

① 取っ組み合い
② 口ゲンカ
③ 刀で切る
④ 矢を投げる

← 解答は **123** ページ →

7 島クイズ

かごしまの島々

離島人口・面積、全国1位！　鹿児島の島をクイズでトリップ！

1 鹿児島県でいちばん南にある有人島（人が住んでいる島）は？
　① 沖永良部島（おきのえらぶじま）　　② 与論島（よろんとう）
　③ 屋久島（やくしま）　　　　　　　　④ 請島（うけじま）

2 鹿児島県でいちばん北にある有人島は？
　① 上甑島（かみこしきしま）　② 桂島（かつらじま）
　③ 御所浦島（ごしょうらじま）　④ 獅子島（ししじま）

3 十島村（としまむら）には人が住んでいる島が7つあります。
　右ページ地図のＡＢＣＤに入る
　島の名前を下の①〜⑧から選ぼう。
　① トカラ島（じま）　② 諏訪之瀬島（すわのせじま）　③ 硫黄島（いおうじま）
　④ 中之島（なかのしま）　⑤ 宝島（たからじま）　⑥ 財宝島（ざいほうとう）
　⑦ 悪石島（あくせきじま）　⑧ 神島（かみしま）

　A（　）　B（　）　　C（　）　　D（　）

解答は **124** ページ

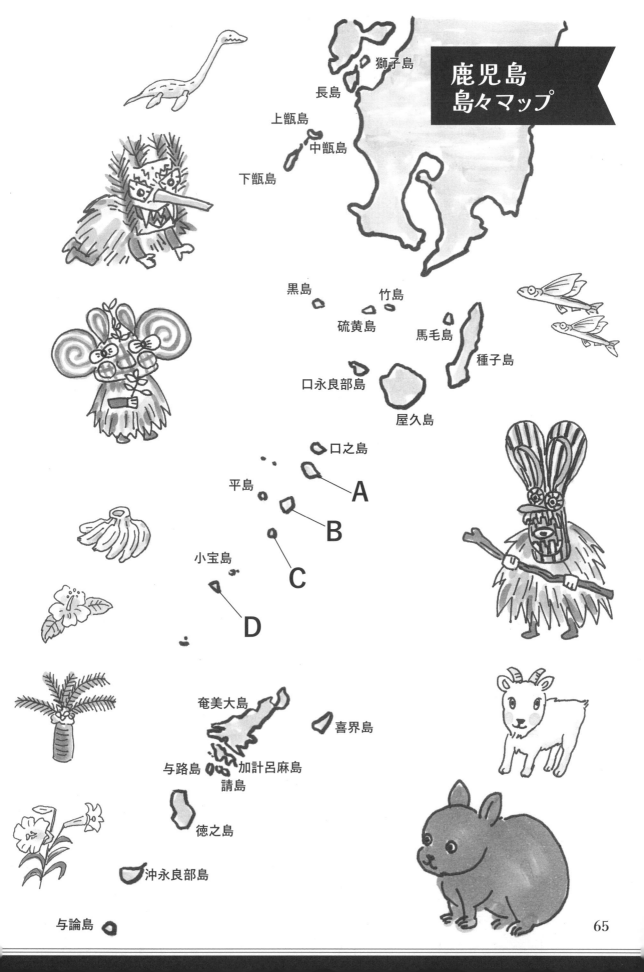

4 三島村の3島を西から東へ順に正しく書いてあるのはどれでしょう？

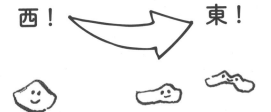

① 竹島　硫黄島　黒島
② 硫黄島　竹島　黒島
③ 黒島　硫黄島　竹島
④ 黒島　竹島　硫黄島

5 野生のクジャクに会えるので有名な島はどこ？
① 与路島（瀬戸内町）　　② 口永良部島（屋久島町）
③ 悪石島（十島村）　　　④ 硫黄島（三島村）

6 日本で初めて世界自然遺産に登録された島は？
① 奄美大島・徳之島　　② 黒島
③ 桜島　　　　　　　　④ 屋久島

7 年平均約2mmの速度で隆起（陸地が持ち上がること）し続けている島は？
① 桂島（出水市）
② 阿久根大島
③ 喜界島
④ 屋久島

解答は**124**ページ

島にまつわる早口言葉集

＼ 口腔体操にもオススメ!? 口を大きく動かそう♪ ／

7 島クイズ

ここでちょっとクイズをひとやすみ。
島の地名や史跡にちなんだ早口ことばをつくってみたよ！
それぞれ3回続けて言ってみよう！

手久津久地区の遺跡群
てくづくちくのいせきぐん

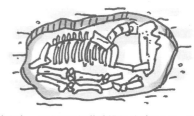
喜界島。子ウマの埋葬遺構などが見つかっている

伊仙阿三のカムィヤキ類須恵器
いせんあさんのかむぃやきるいすえき

徳之島。カムィヤキ陶器と陶器窯跡

トイモ岳 モイヨ岳 モッチョム岳
といもだけ もいよだけ もっちょむだけ

屋久島南東部の山々

長目の浜遠目木山長浜
ながめのはまとおめきやまながはま

甑島の地名

◆──── 解説は **125** ページ ────◆

67

ちょっと気になる 島ネタあれこれ

鹿児島の島々っておもしろい！
知っていたらちょっとドヤ顔できる、島ネタを集めました。

1 伊子茂(いこも)まもるです。
私はどこの島にいるでしょう？

① 与論島(よろんとう)
② 沖永良部島(おきのえらぶじま)
③ 加計呂麻島(かけろまじま)
④ 喜界島(きかいじま)

2 ソーメンガブーです。私はどこの島の何でしょう？

① 与論島の旧正月に現れる仮面神
② 喜界島の伝統で
　ソーメンを奪い合う奇祭
③ 請島(うけじま)でお盆の時期に
　出される郷土料理
④ 徳之島(とくのしま)の闘牛大会を
　盛り上げるキャラクター

解答は125ページ

7 島クイズ

3 毒ヘビのハブです。
私たちがいない島を3つ選ぼう。

① 奄美大島　② 加計呂麻島　③ 請島
④ 与路島　⑤ 徳之島　⑥ 喜界島
⑦ 沖永良部島　⑧ 与論島

4 与論島の「ハジピキパンタ」とは何のことでしょう？

① はずかしがり屋のパンダ像
② 「船の舵が引っかかった丘」を意味する与論島発祥の地
③ パンを綱引きの綱に見立てて引っ張り合う奇祭
④ 海の安全を守る神様

与論十五夜踊りの朝伊奈です

5 ヤッホー！ こちらはとあるユリの名所のシンボルタワーです。どこにあるでしょう？

① みっちり草原（下甑島）
② 笠石海浜公園（沖永良部島）
③ タモトユリ展望施設（口之島）
④ かのこゆりの段々畑（上甑島）

◀── 解答は125ページ ──▶

6 大昔にいた翼竜です。鹿児島で初めて私の化石が発見されたのはどこでしょう？

①下甑島　②口永良部島　③獅子島（ししじま）　④黒島（くろしま）

7 マゲシカです。種子島（たねがしま）の馬毛島（まげしま）に生息していることで知られている私たち。実はほかの島にもいるんです。次の4つのうちのどの島でしょう？

①志賀島（しかのしま）（福岡県）　②屋久島
③阿久根大島　④洞爺湖中島（とうやこなかじま）（北海道）

8 ハロウィンでおなじみのジャック・オー・ランタンです。鹿児島の島々には、仮装したり歌を歌ったりしながら家々を回りおもちゃやお菓子をもらう、ハロウィンと似た風習がありますね。おや、ひとつ全く違う風習のものが混ざってますよ。違うものはどれでしょう？

①ムッチームライ（喜界島）
②バッケバッケ（加計呂麻島）
③亀徳（かめとく）ネンケ（徳之島）
④ムチモレ踊り
　（奄美大島大和村（やまとそん））

解答は **126** ページ

9 日本一のガジュマルです。私はどこにいるでしょう？

① 加計呂麻島の旧須古茂小学校
② 沖永良部島の国頭小学校
③ 奄美大島の金作原
④ 種子島のマングローブパーク

10 マラウィサウルスです。ぼくの骨格標本がある島はどこでしょう？

① 獅子島　② 喜界島
③ 下甑島　④ 徳之島

11 黒之瀬戸大橋です。阿久根市との間をぼくがつないでいる長島町は、実はたくさんの島で構成されている町です。いくつの島があるでしょう？

① 5
② 10
③ 17
④ 27

◆── 解答は127ページ ──◆

7 島クイズ

8 乗り物クイズ

かごしまのレールウェ〜イ♪ 鉄道クイズ！

日本本土の南のはしっこ鹿児島。陸の孤島であったこの地に発展をもたらしてきた鉄道や駅のクイズです。

1 鹿児島で初めて鉄道が開通した区間はどこでしょう？

①川内（せんだい）−伊集院（いじゅういん）　②熊本（くまもと）−鹿児島

③鹿児島−指宿（いぶすき）　④鹿児島−国分（こくぶ）

2 次の駅はどの路線の駅でしょう？　線でつなごう。

【駅名】　　　　　　　　　　　　【路線名】

薩摩大川（さつまおおかわ）●　　　●肥薩線（ひさつ）

広木（ひろき）●　　　　　　　　●日豊本線（にっぽう）

霧島神宮（きりしまじんぐう）●　　●肥薩おれんじ鉄道

嘉例川（かれいがわ）●　　　　　●指宿枕崎線（まくらざき）

鶴丸（つるまる）●　　　　　　　●鹿児島本線

大隅夏井（おおすみなつい）●　　　●日南線（にちなん）

薩摩板敷（いたしき）●　　　　　●吉都線（きっと）

解答は127ページ

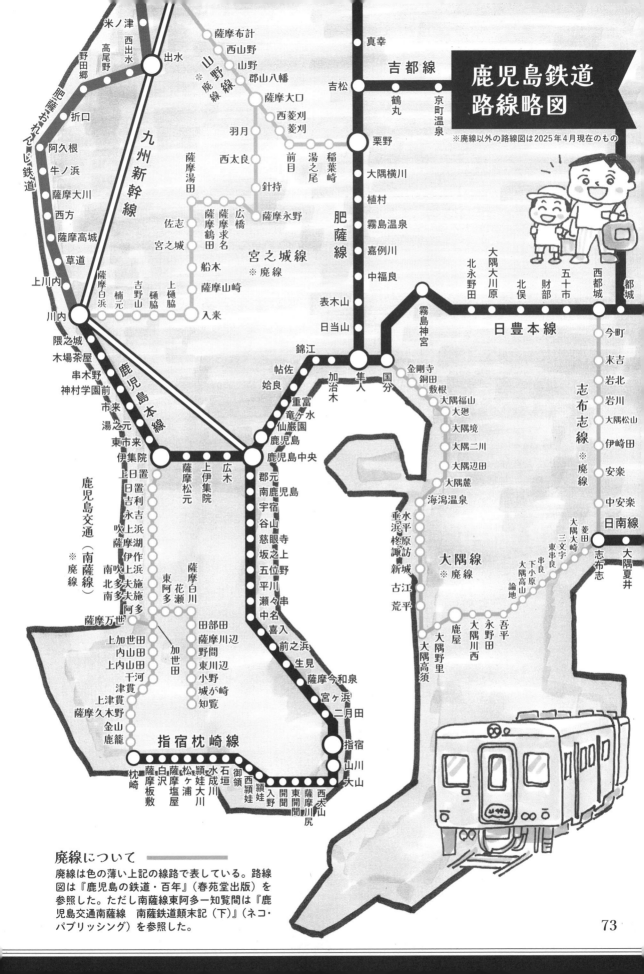

3 かつてあった県内唯一の私鉄・南薩線。
そのなかで駅前に遊園地があったのはどこでしょう？

① 加世田駅　　② 阿多駅
③ 薩摩湖駅　　④ 枕崎駅

memo
ロープウェイや飛行塔、子ども動物園などがありました。野外劇場ではのど自慢が開かれることも！

4 南薩線の列車のシンボルカラーは何色だったでしょう？

① 赤　　② 青
③ 黄　　④ 緑

5 JR日本最南端の駅はどこでしょう？

① 指宿駅
② 山川駅
③ 西大山駅
④ 枕崎駅

6 次の駅のうち築100年以上の歴史を持ち国の登録有形文化財になっているものはどれでしょう？　2つ選ぼう。

① 嘉例川駅　　　② 霧島神宮駅
③ 大隅横川駅　　④ 阿久根駅

解答は129ページ

7 観光スポットとしても知られる次の場所は昔の何線沿線にあったでしょう？ 下の**ア〜エ**から選びましょう。

① 布計小学校 （　　）
伊佐市

② 永野鉄道記念館 （　　）
さつま町

・フォトスポットとして人気の木造校舎
・映画のロケにも使われました
・金山の閉山とともに閉校

・スイッチバックの駅があった
・永野金山の近く

③ 南薩鉄道記念館 （　　）
南さつま市

④ 古江駅舎 （　　）
鹿屋市

・鉄道駅時代からあった石造りの倉庫に、懐かしいプレートや道具類がいっぱい

・古江鉄道記念公園内に駅舎が現存。近くにお魚がおいしい漁協の食堂「みなと食堂」がある

この中から選ぼう
ア. 南薩線　　イ. 宮之城線　　ウ. 大隅線　　エ. 山野線

解答は**129**ページ

8 乗り物クイズ

ちょこっと市電クイズ

鹿児島市のまちなかをガタゴト走る路面電車。
今ではもう廃線になった路線もあります。
みんな大好き鹿児島の市電クイズです。

※廃線以外の路線図は2024年10月現在のもの。1系統・2系統についての表記は省略。

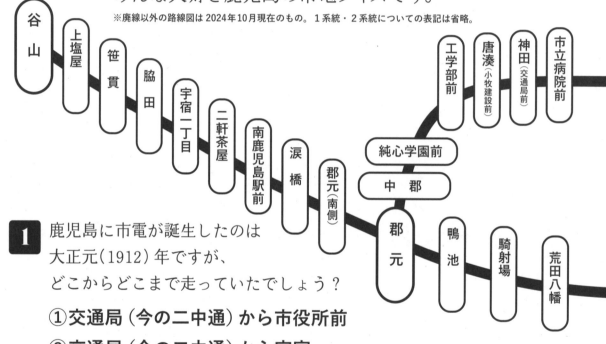

1 鹿児島に市電が誕生したのは
大正元(1912)年ですが、
どこからどこまで走っていたでしょう？

①交通局（今の二中通）から市役所前
②交通局（今の二中通）から宇宿
③武之橋から谷山
④鹿児島駅から武駅（今の鹿児島中央駅）

2 平成14(2002)年に登場したものは何でしょう？

①愛の優先席　　　　　　　②観光レトロ電車「かごでん」
③ユートラム（超低床電車）　④花電車

解答は130ページ

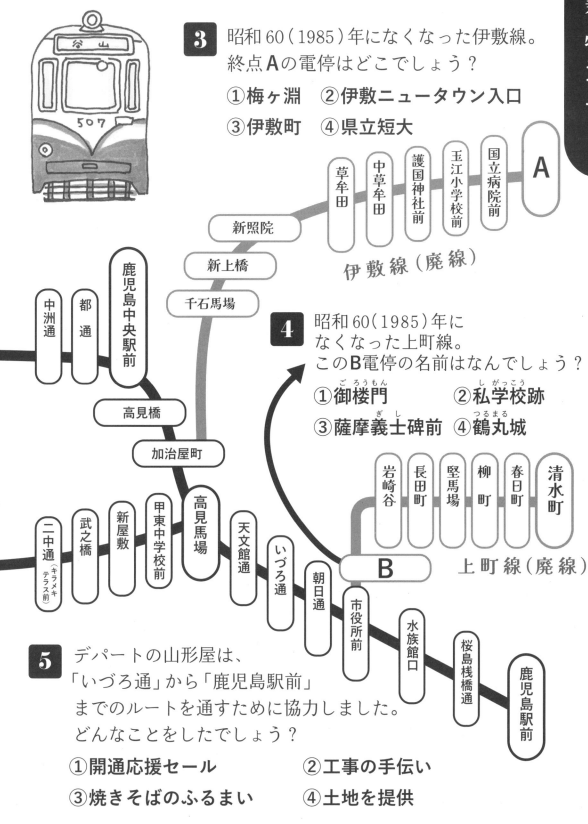

8 乗り物クイズ

なつかしき西駅クイズ

クイズを解きながらよみがえる、
西駅でのあんな思い出こんな思い出。

1 かつてあった「西鹿児島駅」。現在の何駅でしょう？
① 鹿児島駅　　② 鹿児島中央駅
③ 伊集院駅　　④ 谷山駅

2 昭和2(1927)年以前、西鹿児島駅は何駅だったでしょう？
① 西田駅　　② 中洲駅
③ 武駅　　　④ 宮田駅

3 西鹿児島駅時代から駅に店を構えている
ラーメン屋さんは？
① くろいわラーメン
② ラーメンこむらさき
③ ざぼんラーメン
④ 和田屋ラーメン

解答は **131** ページ

8 乗り物クイズ

4 昭和40(1965)年10月～昭和55(1980)年9月まで東京－西鹿児島間(大分・宮崎経由)を走っていた、日本最長距離の寝台特急列車(ブルートレイン)の名前は？

① あかつき　　② なは
③ 富士　　　　④ カシオペア

◆―― 解答は **131** ページ ――◆

島々をつなぐ船・船・船！

8 乗り物クイズ

南北600キロ、海に囲まれて離島が多い鹿児島は船が大活躍！
鹿児島のたくさんの船を知るクイズです。

1 桜島フェリーは鹿児島港から桜島港まで
約何分で着くでしょう？

　①約5分　　　②約15分
　③約30分　　④約60分

2 鹿児島港から桜島港までの
距離はどのくらい？

　①約5km
　②約10km
　③約12km
　④約20km

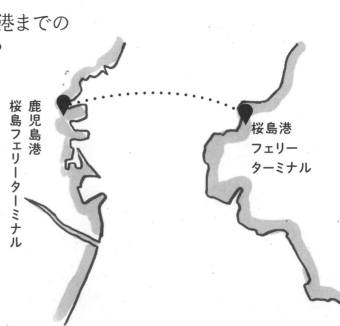

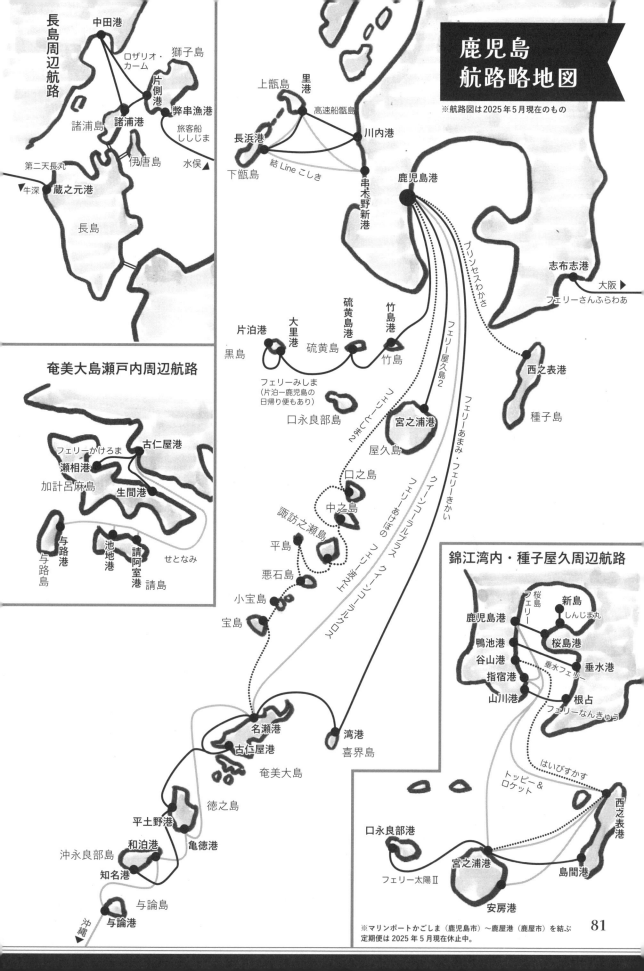

memo
桜島フェリーのはじまりは、当時の西桜島村が時間や運賃を決めて運行を始めた14隻の船でした。

3 桜島フェリーのはじまりはいつ？

① 1909年（明治42年）　② 1914年（大正3年）
③ 1926年（昭和元年）　④ 1934年（昭和9年）

4 1941（昭和16）年、日本のカーフェリー（車を運べる船）の草分けとなる「櫻島丸」が登場。当時、車は何台載せることができたでしょう？

① 3台　　② 5台
③ 6台　　④ 10台

5 令和6（2024）年現在現役のサクラフェアリー（第二桜島丸）は、車（乗用車）を約何台載せられるでしょう？

① 50台　　② 64台
③ 73台　　④ 82台

6 屋久島から口永良部島まで船で何分かかるでしょう？

① 20分　　② 45分
③ 70分　　④ 100分

 屋久島から種子島までは、フェリー太陽Ⅱで約65分だよ

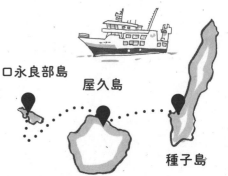

解答は **132** ページ

7 獅子島へ行くにはどこの港へ行けばいい？

① 鹿児島港　　② 川内港　　③ 諸浦港
④ 垂水港　　⑤ 亀徳新港　　④ 串木野港

 わからないときは81ページで探してみよう。

8 串木野新港から甑島（里港）までフェリーで約何分でしょう？

① 約20分　　② 約45分
③ 約75分　　④ 約100分

9 次の船に乗るとどこへ行ける？　船と地名を線でつなごう。

フェリー太陽Ⅱ　　●　　　●　根占

フェリーさんふらわあ　●　　●　大阪

トッピー＆ロケット　●　　●　口永良部島

せとなみ　　●　　　●　獅子島

ロザリオ・カーム　●　　●　請島・与路島

フェリーなんきゅう　●　　●　諏訪之瀬島

フェリーとしま2　●　　●　種子島・屋久島

ヒント！ わからないときは81ページで探してみよう。

解答は133ページ

9 全市町村クイズ

県内43市町村 キーワードクイズ

3つのキーワードに当てはまる市町村を答えよう。

1
- 県内一のお茶の産地
- 仏壇（ぶつだん）のまち
- 釜蓋（かまふた）神社

こたえ（　　　　　　　）市

釜蓋を頭にのせてバランスウォーク

2
- 横瀬古墳
- カブト虫相撲（すもう）大会
- くにの松原（まつばら）

こたえ（　　　　　　　）町

ハッケヨイ！

3
- 日本マンダリンセンター
- ブーゲンビリアの丘
- 黒之瀬戸大橋（くろのせとおおはし）

こたえ（　　　　　　　）町

マンダリンセンターのレトロなオブジェ

84　　解答は133ページ

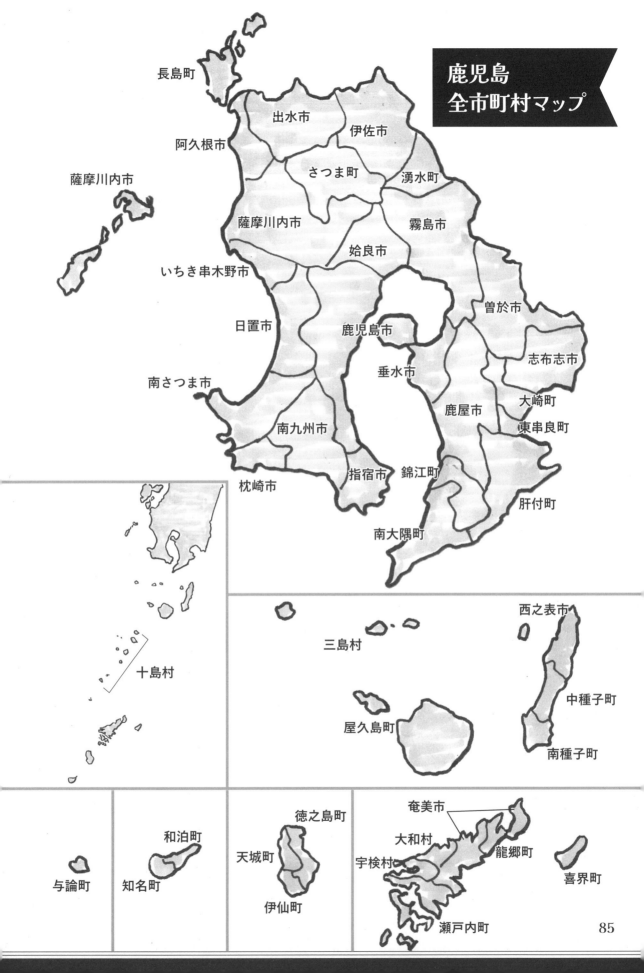

4
- くじらの眠る丘
- 自転車のまち
- 鑑真(がんじん)上陸の地

こたえ（　　　　　　　）市

サイクルシティ宣誓のまち！

5
- 百合ヶ浜(ゆりがはま)
- ウドノスビーチ
- 鹿児島県の最南端

こたえ（　　　　　　　）町

南のはしっこ 亀みたいな形のまち

6
- ネッピー館
- 雄川(おがわ)の滝
- 佐多岬(さたみさき)

こたえ（　　　　　　　）町

佐多岬はカイロやニューデリーと同じ緯度

7
- 龍門滝(りゅうもんのたき)
- くも合戦
- 蒲生(かもう)の大クス

こたえ（　　　　　　　）市

九州自動車道からも見える滝

9 全市町村クイズ

8
- 火之神公園
- カツオのぼり
- さつま黒潮きばらん海

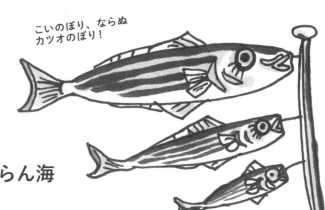
こいのぼり、ならぬ カツオのぼり！

こたえ（　　　　　）市

9
- 平瀬(ひらせ)マンカイ
- ショチョガマ祭り
- 秋名(あきな)バラ

平瀬マンカイ、ショチョガマ祭りは有名な伝統行事

こたえ（　　　　　）町

10
- うに丼まつり
- ぼんたん湯
- 寺島宗則(てらしまむねのり)

ぼんたんと言ったらあそこだよね〜

こたえ（　　　　　）市

11
- 硫黄岳(いおうだけ)
- 大名タケノコ
- ミニ屋久島

ジャンベ演奏でのおもてなしも名物

こたえ（　　　　　）村

解答は134ページ

12
- 八重(やえ)の棚田
- お茶の里
- 喜入(きいれ)駅

こたえ（　　　　　　）市

桜島の噴火で埋もれた鳥居もあるまち!

13
- 鹿児島の北海道
- 東洋のナイアガラ
- 布計(ふけ)小学校跡

こたえ（　　　　　　）市

ノスタルジックで写真映え!曽木発電所遺構もあるまち

14
- 日本でいちばん長い村
- 仮面神ボゼ
- トカラ馬

こたえ（　　　　　　）村

ボゼ3兄弟?

15
- 神川(かみかわ)大滝
- 花瀬(はなぜ)川
- 花瀬でんしろう館

こたえ（　　　　　　）町

くわがたガールズのお兄ちゃんのでんしろう

9 全市町村クイズ

16
- ばら祭り
- 荒平天神(あらひらてんじん)
- 輝北天球館(きほく)

宇宙をイメージしてつくられたユニークな建物

こたえ（　　　　　　）市

17
- 竹林の里
- 鶴田ダム(つるだ)
- 永野金山(ながの)

日本一の竹のまち

こたえ（　　　　　　）町

18
- 今も隆起している島
- 国産ゴマの生産量日本一
- 奄美大島の東方約25km(あまみ)

セサミごまストリート

こたえ（　　　　　　）町

19
- 流鏑馬(やぶさめ)
- ロケット発射場
- 岸良海岸(きしら)

宇宙を近くに感じられるまち！

こたえ（　　　　　　）町

◆── 解答は135ページ ・

20
- 霧島アートの森
- 八幡大地獄(はちまんだいじごく)
- 丸池湧水(まるいけゆうすい)

こたえ（　　　　　）町

アートの森、実は○○町

21
- 開聞岳(かいもんだけ)
- イッシー
- 砂むし温泉

こたえ（　　　　　）市

サイコー！

22
- 犬田布岬(いぬたぶみさき)
- 阿権(あごん)300年ガジュマル
- 全島一闘牛大会(ぜんとういち)

こたえ（　　　　　）町

ワイド！ ワイド！

23
- 甑大橋(こしき)
- 大綱引き
- ちんこだんご

こたえ（　　　　　）市

香ばしくってウマイ！

解答は136ページ

9 全市町村クイズ

24
- 浜競馬
- まぐろラーメン
- さつま揚げ発祥の地

こたえ（　　　　　　）市

昭和33年から続くイベント！
浜競馬＠照島海岸

25
- 唐仁古墳群（とうじんこふん）
- 柏原海岸（かしわばる）
- ルーピン畑

こたえ（　　　　　　）町

ピーマンの産地

26
- 笠利町（かさり）
- 住用村（すみようそん）
- 名瀬市（なぜ）

こたえ（　　　　　　）市

マングローブパークも人気

27
- 宮古崎（みやこざき）（大河ドラマ「西郷どん（せごどん）」オープニングロケ地）
- 黒糖製造始まりの地
- マテリヤの滝

こたえ（　　　　　　）村

大ダコ伝説もある村だよお

28
- 沖永良部高校
- 田皆岬
- 昇竜洞

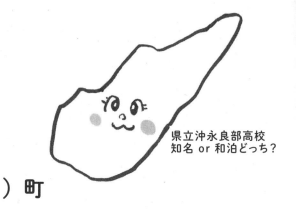

県立沖永良部高校
知名 or 和泊どっち？

こたえ（　　　　　　　）町

29
- ワンジョビーチ
- 日本一大きなガジュマル
- えらぶゆりの島空港

国頭小学校の日本一のガジュマル

こたえ（　　　　　　　）町

30
- 日本最大級の武家屋敷群
- ツルの渡来地
- 東光山公園

日本一の大鈴＠箱崎八幡神社

こたえ（　　　　　　　）市

31
- 千本イチョウ
- 猿ヶ城渓谷
- カンパチ祭

カンパチがうますぎる！

こたえ（　　　　　　　）市

9 全市町村クイズ

32
- ロケット発射場
- 千座の岩屋
- インギー鶏

漂着した英国帆船ドラメルタン号の乗組員を助けたお礼に引き渡されたのがはじまり

インギー鶏

こたえ（　　　　　　）町

33
- 温泉のまち
- 国際音楽祭
- 鹿児島空港

上野原縄文の森もあるまち

こたえ（　　　　　　）市

34
- 弥五郎どん
- 溝ノ口洞穴
- 大川原峡

4m85cmの弥五郎どん

こたえ（　　　　　　）市

35
- 枝手久島
- 焼内湾
- 湯湾岳

こんな形の村

こたえ（　　　　　　）村

解答は137ページ

36
・鉄砲まつり
・鉄浜(かねはま)海岸
・天女ヶ倉(あまめがくら)

こたえ（　　　　　　　）市

鉄砲伝来記念のお祭り

37
・江口浜(えぐちはま)
・妙円寺詣(みょうえんじまい)り
・薩摩焼の里

こたえ（　　　　　　　）市

伊集院まんじゅうも名物

38
・口永良部島(くちのえらぶじま)
・宮之浦岳(みやのうらだけ)
・安房(あんぼう)港

こたえ（　　　　　　　）町

野生のおサルさんや
シカに会える島

39
・加計呂麻島(かけろまじま)
・古仁屋(こにや)港
・ホノホシ海岸

こたえ（　　　　　　　）町

ショドンシバヤも有名です

解答は **138** ページ

9 全市町村クイズ

40
- 金見崎（かなみさき）ソテツトンネル
- 亀徳（かめとく）新港
- 畦（あぜ）プリンスビーチ

第46代横綱 朝潮太郎生誕地

こたえ（　　　　　　）町

41
- ダグリ岬遊園地
- さんふらわあ
- お釈迦（しゃか）まつり

回ります回ります ロックンロール！

こたえ（　　　　　　）市

42
- アニメ「秒速5センチメートル」の舞台
- 雄龍（おたつ）・雌龍（めたつ）の岩
- 阿嶽川（あだけがわ）マングローブ林

種子島にあるまちだよ

こたえ（　　　　　　）町

43
- アマミノクロウサギ観察小屋
- 徳之島（とくのしま）空港
- ムシロ瀬（せ）

徳之島で空港のあるまち

こたえ（　　　　　　）町

◀── 解答は **138** ページ ──▶

市町村合併クイズ

鹿児島県は平成の大合併を経て、現在の43市町村になりました。①～⑦の市はどの市町村が合併してできたでしょうか？下から選びましょう。

①出水市＝野田町・出水市・（　　　）町

②薩摩川内市＝川内市・東郷町・祁答院町・（　　　）町・（　　　）町・里村・上甑村・鹿島村・下甑村

③南さつま市＝加世田市・笠沙町・坊津町・（　　　）町・（　　　）町

④指宿市＝指宿市・開聞町・（　　　）町

⑤鹿屋市＝鹿屋市・輝北町・（　　　）町・吾平町

⑥霧島市＝国分市・溝辺町・（　　　）町・横川町・牧園町・（　　　）町・福山町

⑦奄美市＝名瀬市・笠利町・（　　　）村

この中から選ぼう

串良・隼人・霧島・住用・山川・松元・樋脇・鶴田・東・東市来・東串良・有明・財部・吹上・大浦・川辺・金峰・吉野・入来・高尾野・東郷

みんなの鹿児島クイズ

答え合わせの時間です

解答と解説

2・3ページ　巻頭スペシャルクイズ

鹿児島の伝統行事大集合！西郷どんをさがせ！

山田楽（出水市）
出水の地頭であった山田昌巌が作ったとされる太鼓踊り。阿久根市でも伝承されています。

上平川大蛇踊り（知名町　沖永良部島）
大蛇が空中高く乱舞する！　大掛かりな仕掛けと総踊りが圧巻。

鉄砲まつり（西之表市　種子島）
鉄砲伝来記念のお祭り。「太鼓山行列」「南蛮行列」「火縄銃の試射」などが行われます。

鬼火焚き（県内各地）
1月7日前後に鹿児島県内各地で行われる伝統行事。竹や松などを立てて、門松、しめ縄などの正月の飾り物を盛大に燃やして無病息災を祈願します。

小山田太鼓踊り（鹿児島市）
およそ400年の歴史。藩政時代の三社奉納を2023年に復活しました。

久志太鼓踊り（南さつま市）
毎年8月15日に九玉神社ほか久志地区の集落数か所で披露されます。

田の神戻し（薩摩川内市）
祁答院町藺牟田麓地区。田の神様を華やかに飾り、子孫繁栄、五穀豊穣を願い、一年ごとに集落内の家庭で持ち回りする伝統行事です。

唐カラ船祭り（南さつま市）
5月5日の子どもの日に昔の貿易船を模した玩具を引いて子どもたちが競います。

金吾様踊り　兵児踊り・棒打ち舞・俵踊り（さつま町）
さつま町中津川の大石神社秋季大祭。大石神社には戦国時代に「金吾さぁ」と慕われた島津歳久がまつられています。各集落に伝わる様々な踊りが奉納されます。

ナゴシドン（肝付町）
岸良海岸の景色に映えるナゴシドン。肝付町平田神社に伝わる伝統行事です。

伊作太鼓踊り（日置市）
矢旗のデザインが特徴的。吹上町湯之浦の南方神社に奉納し、地域内各所で披露されます。

御田植祭（霧島市　霧島神宮）
毎年旧暦5月5日に近い日曜日に開催。揃いの装束に笠をかぶった早男早乙女による田植えの儀式や、田の神舞などの奉納があります。

ガウンガウン祭り（いちき串木野市）
いちき串木野市野元の深田神社で行われるお田植え祭り。子ども参加型の寸劇が楽しいお祭りです。

せっぺとべ（日置市）
歌を歌い、景気をつけながら田んぼを飛び跳ねて豊作を祈るお田植え祭り。「せっぺ飛べ」は「精一杯飛べ」の意味。

手々ムチタボリ（徳之島町　徳之島）
豊作と無病息災を祈る伝統行事。頭から白い布を被った男性の衣装が目を引きます。

ソラヨイ（南九州市）
知覧の中部地区に伝わる十五夜行事。子どもたちがワラの衣装をまとって踊ります。

蒲生太鼓踊り（姶良市）
きらびやかな衣装や化粧が特徴的。姶良市加治木・蒲生地域の夏の風物詩。

猿の子踊り（指宿市）
今和泉島津家島津忠郷が日向国で見た猿芸を地元領民に見せたのが始まりといわれます。赤い衣装の「猿の子」役が様々な芸を披露します。指宿市の池田小学校で受け継がれています。

弥五郎どん祭り（曽於市）
900年の歴史を持つとされる県下三大祭りのひとつ。4m85mの巨大な弥五郎どんが威風堂々と練り歩きます。

解答と解説

4・5ページ　巻頭スペシャルクイズ
チェスト関ヶ原！敵中突破まちがいさがし

　戦国時代屈指の武将・島津義弘は天文4（1535）年に生まれ、兄弟で薩摩、大隅、日向を治めます。慶長5（1600）年、石田三成率いる西軍と徳川家康を総大将とする東軍が現在の岐阜県で戦いました。天下分け目の関ヶ原の戦いです。1500人という少数で西軍に参加した義弘ですが、小早川秀秋の裏切りなどで総崩れとなります。絶体絶命となった義弘軍は、敵に背を向けて逃げるよりも、正面から勇猛果敢に突撃して脱出するという選択をします。義弘の甥の島津豊久も討ち死にして、多くの犠牲者を出しながらも、福山の地頭を務めていた山田有栄らが義弘を守り、薩摩に帰還することができました。帰ってこれたのは50人ほどだったと言われています。これが島津義弘の「敵中突破」です。JR伊集院駅前には関ヶ原の戦いをイメージした義弘の銅像が建てられています。毎年10月には義弘をしのび、鹿児島市から伊集院徳重神社までを歩く「妙円寺参り」も行われています。「島津の退き口」と呼ばれた敵中突破は今でも鹿児島の人々に語り継がれています。

6・7ページ　巻頭スペシャルクイズ

かごしまなつかし年表クイズ！

❶ ウ　昭和32（1957）年

昭和32（1957）年、現在の鹿児島市鴨池新町に旧鹿児島空港（鴨池空港）は開港し、昭和47（1972）年に旧溝辺町へ移転するまで活躍しました。跡地には現在「ニシムタスカイマーケット鴨池店」が建っています。

❷ ア　昭和24（1949）年

「おはら祭」は昭和24（1949）年、市制施行60周年を機に開催されました。現在のような「踊り連」方式は昭和36年から取り入れられたそうです。

❸ カ　昭和50（1975）年

令和6（2024）年に惜しまれながら閉店したイオン鹿児島鴨池店。かつてダイエー鴨池店として愛されてきたこの場所がオープンしたのは昭和50（1975）年のことでした。

❹ オ　昭和47（1972）年

昭和47（1972）年に開催された太陽国体。夏季大会と秋季大会があり、ともに各種目で鹿児島県勢が大活躍しました。鴨池陸上競技場や武道館、テニス場などの体育施設が次々と整備され花いっぱい運動なども盛り上がりました。

❺ キ　昭和51（1976）年

昭和51（1976）年、全国で初めての五つ子（男児2人・女児3人）が鹿児島市立病院で誕生しました。全国的なビッグニュースとなりました。

❻ エ　昭和37（1962）年

徳之島出身の朝潮太郎が初土俵を踏んだのは昭和23（1948）年。奄美群島の日本復帰をまたいで活躍し、昭和37（1962）年に引退しました。引退までに優勝5回、殊勲賞4回。広い世代に愛されました。

❼ イ　昭和28（1953）年

昭和21（1946）年2月から奄美群島はアメリカの軍政下に統治されました。島民は苦しい生活を強いられる中、本土復帰運動が高まり、昭和28（1953）年12月25日に日本へ返還されました。

8・9ページ　巻頭スペシャルクイズ

かごしまなつかし年表クイズ！

⑧　シ　平成8（1996）年
鹿児島市山下町にあった鹿児島県庁は、平成8（1996）年に現在の鴨池新町に移転しました。鹿児島県庁があった場所は、現在かごしま県民交流センターが建っています。

⑨　ケ　平成元（1989）年
「サザンピア21」は、鹿児島市制施行100周年を記念した博覧会です。谷山1号用地で開催されました。21世紀を展望する様々なパビリオン、世界や郷土のグルメなどが楽しめ、約88万人もの来場者で賑わいました。

⑩　コ　平成4（1992）年
鹿児島の公立中学校では男子の丸刈りが校則となっていた時代がありました。人権侵害であるとの声が全国に広がり、県内の公立中で初めて丸刈り校則を廃止したのは長田中学校でした。

⑪　ス　平成17（2005）年
平成17（2005）年に開業した複合施設・ドルフィンポートは、鹿児島のグルメや特産品などのショッピングが楽しめる鹿児島市街地観光の定番スポットのひとつでした。令和2（2020）年に解体されその後の活用法が注目されています。

⑫　セ　平成23（2011）年
九州新幹線鹿児島ルートは昭和48（1973）年に整備計画が決まりました。全線開業は沿線地域の悲願でした。平成23（2011）年沿線地域住民が参加したCMも話題となりました。

⑬　ク　昭和62（1987）年
日本三大砂丘のひとつ吹上浜で、「砂でつくる夢と感動」をテーマに昭和62（1987）年始まった吹上浜・砂の祭典。今や吹上浜はサンドクラフトのメッカとなっています。

⑭　サ　平成5（1993）年
平成5（1993）年、鹿児島県に甚大な被害をもたらした8・6水害。この年の8月の豪雨での県内の死者・行方不明者は70名以上でした。

10・11ページ　巻頭スペシャルクイズ

仮面＆仮装の神々

❸トシドン　**❺ボゼ**

❻メンドン

①ナマハゲ　秋田県男鹿半島周辺に伝わる来訪神。「泣く子はいねえが〜」などと言いながら地域の家々を巡ります。

②パーントゥ　沖縄県宮古島に伝わる来訪神。全身に植物と泥をまとい仮面をした来訪神で、泥を塗りつけられると厄が払われるとされています。

③トシドン　鹿児島県薩摩川内市の下甑島に伝わる来訪神。天空や高い山の上などから首のない馬に乗ってやってくると言われています。子どもたちの日頃の行いを褒めたり諭したりして、最後にトシモチという大きなもちをプレゼントしてくれます。

④幸法・茂登喜　長野県阿南町「新野の雪祭り」に登場する神様。いでたちはそっくりですが、幸法は柔和な顔、幸法の模倣（幸法もどき）である茂登喜は険しい顔をしています。

⑤ボゼ　鹿児島県十島村の悪石島に伝わる仮面神。お盆の最終日にあたる旧暦の7月16日に行われるボゼ祭りに登場。悪霊を追い払い、運が良くなるように、人々を追いかけ赤土を付けて回ります。

⑥メンドン　鹿児島県三島村の硫黄島に伝わる来訪神。旧暦の8月1日から2日間に渡って行われる硫黄島八朔太鼓踊りに登場。魔を払うために手にした神木である「スッベン」の木で観客を叩き回ります。

⑦アマメハギ　石川県能登町に伝わる来訪神。鬼に扮した子どもたちが「アマメー！」と叫びながら怠け癖のついた人たちを戒めます。

⑧スネカ　岩手県大船渡市の三陸町吉浜に伝わる来訪神です。

⑨水かぶり　宮城県登米市の東和町米川に伝わる来訪神。火の神様で、家々の前に用意された水を屋根にかけて町中の火伏せを行います。

①ナマハゲ②パーントゥ③トシドン⑤ボゼ⑥メンドン⑦アマメハギ⑧スネカ⑨水かぶりは、「来訪神：仮面・仮装の神々」としてユネスコの無形文化遺産に登録されています。

12・13ページ　巻頭スペシャルクイズ

鹿児島の日本一をさがせ！

❶ 日本一の大鈴
❷ サツマイモの生産量日本一
❹ 竹林面積日本一
❻ 離島面積日本一
❼ 日本一長い村
❿ 日本一の大綱
⓬ ツルの渡来数日本一
⓮ ソラマメの生産量日本一

①出水市にある箱﨑八幡神社にある大鈴は「日本一の大鈴」と言われていて、高さ4m、直径3.4m、重さは5tもあります。

②サツマイモと言えば鹿児島！　生産量は日本一です。2位は茨城県でした。（令和4年農水省）

③温泉の源泉数は大分県が全国1位で、源泉総数は5093本。鹿児島県は2745本で2位。（令和3年環境省）

④鹿児島県にはさつま町をはじめ竹林が多く、その面積を合計するとおよそ1万8000㎡。日本一の竹林面積を誇ります。

⑤離島の数日本一は長崎県で1479。鹿児島県は1256で、1473の北海道に次いで全国3位です。

⑥鹿児島県の離島面積は2484.7㎢で日本一。離島人口も日本一です。（平成24年内閣府）

⑦十島村は最北端の島から最南端の島まで南北約160kmにも及びます。

⑧ゴーヤの生産量は、1位が沖縄県、2位が宮崎県、鹿児島県は4位です。（令和4年農水省）

⑨靴下の生産量日本一は奈良県です。

⑩2024年に国の重要無形民俗文化財に指定された薩摩川内市の「川内大綱引」。その綱は長さ365m、重さ約7tもあります。

⑪LEDと言えば徳島県。白色LED世界トップシェアのLEDメーカーがあります。

⑫出水市はツルの渡来地として有名。「鹿児島県のツルおよびその渡来地」として国の天然記念物にも指定されています。

⑬デニム生地の生産量日本一は広島県福山市です。

⑭鹿児島県は「ソラマメ」の生産量が日本一。

⑮ネクタイの生産量日本一は山梨県です。

14・15ページ　巻頭スペシャルクイズ

岩コレクション

1　エ．立神岩
枕崎へ行ったら海を眺めよう。この「立神岩」が必ず目に入るはず。

2　ク．ゴリラ岩
海岸沿いに奇岩が見られる徳之島。大自然が生み出す景色は迫力満点！

3　ア．双剣石
そそり立つ剣のような双剣石。

4　ウ．ハートロック
龍郷町の海岸で、干潟の時だけ姿を現すハート型の潮だまりです。

5　イ．たぬき岩
烏島展望所から叫びの肖像へ向かう道沿いに見られます。

6　オ．ナポレオン岩
薩摩川内市の下甑島・瀬々野浦沖のナポレオン岩は高さ122m。

7　キ．人形岩
子どもを抱えた母子の姿に見える人形岩。

8　ケ．雄龍・雌龍の岩
達五郎と達江という夫婦の生まれ変わりという伝説があります。

16ページ　巻頭スペシャルクイズ

五穀豊穣！田の神さがしめいろ

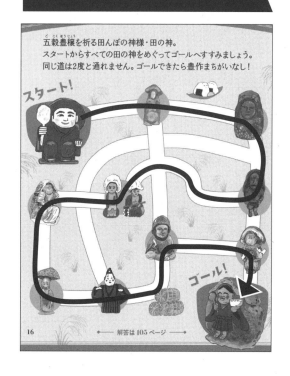

鹿児島の田んぼの脇にたたずむ「田の神石像」は五穀豊穣を願って建てられた田んぼの神様です。「田の神さあ」と呼ばれて地域の人々に大切にされています。

22・23ページ　かごしま弁クイズ

かごしま弁ワールド

1 ①オイ
②ワイは「あなた」「おまえ」など相手を指すことば。

2 ②イッコッモン
①ボッケモンは「怖いもの知らず」「大胆な人」を意味することば。

3 ①トイナモン
②ニセンシは「若者（ニセ）衆」という意味。

4 ②アッタラシカ
①モックイモックイは煙などがモクモクする様子。

5 ②ヨロッデ
①ミロゴチャは「見たい」の意味。ミロゴタイと言う地域もある。

6 ①イン

7 ②ヤンカブイ
まるでヤブを頭にかぶったような乱れた髪という意味。①ヨンゴヒンゴは曲がりくねったさまを表すことば。

8 ②ドンコ
ドンコは種類を問わずカエル全体のことを指す場合や、トノサマガエルのことを指す場合など諸説あり。②ガンタレは「役立たず」「不良」といった意味。

9 ①ラーフル
鹿児島ではなぜか「ラーフル」と呼ばれている黒板消し。オランダ語が語源とか。

10 ①ビビンコ
②ヤッデコは田舎の家屋などによく出没するアシダカグモのこと。

24ページ　かごしま弁クイズ

かごしま弁ワールド

11 ②チングワラッ
①メッチャメは「ただれ目」のこと。

12 ①ヤッセンボ
②ゴッタマシイは「たくましい」を意味することば。

13 ②ズンバイ
①イッペコッペは「あちらこちら」「ほうぼう」を意味することば。

14 ①テゲテゲ
「テゲテゲでよかが〜」は代表的なかごしま弁のひとつですね！
②キンゴキンゴは肌がツヤツヤ、ピカピカしている様子。

15 ②のさんねぇ
①「はがいかねぇ」は「歯がゆいねぇ」。何もできずじれったい気持ちを表すことばです。

16 ②ユルイ
①ロバタはかごしま弁ではなく標準語で、いろりのそば、いろりばたのこと。

25ページ　かごしま弁クイズ

ピラミッどん！クイズ

① どんこ

② せごどん

③ かすたどん

④ やごろうどん

⑤ おいどんいちば

⑥ どーんとかごしま

⑦ そがどんのかさやき

28・29ページ　かごしま弁クイズ
30・31ページ　かごしま弁クイズ

かごしま弁 de アナグラム

かごしま弁 de アナグラム

1 （あいがとさげもした）と（いっき）

2 （びんてきた）と（ぶにせ）

3 （さるく）と（よかにせ）

4 （チェストいけ）と（だれた）

5 （よんごひんご）と（よかおごじょ）

6 （ぴがささっ）と（なんつぁならん）

7 （ラーフル）と（おやっとさあ）

8 （てげてげでよかが）と（げんね）

9 （きばいやんせ）と（おさいじゃったもんせ）

32・33ページ　郷土料理クイズ
この材料でなにできる？

34ページ　郷土料理クイズ
この材料でなにできる？

1 あくまき
鹿児島の端午の節句の定番。あく汁に浸したもち米を竹皮に包んで数時間煮ると完成！　きな粉や粉黒糖をまぶしていただきます。

2 ねったぼ
蒸したサツマイモともちをつき混ぜて作るいももち。こちらもきな粉が相性抜群。

3 けせんだんご
だんご粉やさらしあんを混ぜてこねただんごを、けせんの葉（ニッキ、シナモンとも言う）で挟んで蒸します。けせんの香りがいい感じ。

4 ふくれがし
小さい子どもも馴染（なじ）みやすい、和風スポンジケーキのような郷土菓子。鹿児島市の金生町には専門店もあります。

5 つけあげ
日常の食卓からお土産、贈答品としても人気のつけあげ。手作りの揚げたては格別！

6 あわんなっと
粟（あわ）を甘く炊いた粟ぜんざい。シンプルながらも栄養価の高い郷土料理。

7 げたんは
泥に汚れた下駄の歯に似ていることが名前の由来と言われています。旧横川町が発祥（はっしょう）の地。

35ページ　郷土料理クイズ

郷土料理さがしクイズ

ち	ん	こ	だ	ん	と	り	さ	し
く	じ	か	る	か	ん	し	や	ま
あ	や	つ	び	び	こ	ん	ぎ	じ
く	め	お	つ	さ	つ	ま	じ	る
ま	な	の	し	る	へ	の	る	さ
き	だ	び	ゆ	の	え	む	え	つ
げ	た	ん	は	い	こ	も	ち	ま
ん	ぶ	た	み	そ	り	ら	ま	る

①いこもち
「煎り粉もち」が名前の由来といわれます。

②かるかん
江戸時代には島津家の記録に登場しています。

③あくまき
端午の節句の定番。島津勢が関ヶ原の戦いに持参したともいわれますが、記録はありません。

④ぶたみそ
豚肉のコクとみそ＆砂糖の甘さにご飯が進みます。

⑤さつまじる
薩摩武士たちが行っていた闘鶏で、負けた鶏をしめて野菜と煮込んでいたのが始まりとされています。

⑥とりさし
おろしニンニクや甘めの醤油が相性抜群！

⑦とんこつ
芋焼酎で臭みを取り、みそや黒砂糖で甘辛く煮込みます。

⑧かつおのびんた
枕崎では新任の先生に振る舞うのが定番。

⑨やぎじる
ヤギガラでしっかり出汁をとり栄養満点！

⑩げたんは
作って2、3日経つと蜜が染み込みしっとりとなります。

36・37ページ　郷土料理クイズ

なまえの意味は？

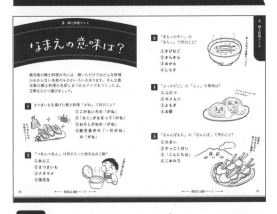

1　②「カニ」がなまって「がね」
細切りにしたサツマイモを、小麦粉や米粉を溶いた衣でつないで揚げるガネ。カニのような形からその名前がついたとされています。

2 ④落花生

落花生の生産量日本一は千葉県ですが、鹿児島の大隅半島でも昔から多く栽培されています。おにぎりにして農作業時のお昼ご飯として食べていたそう。

3 ③おから

おからのことを鹿児島弁では「きらす」と言います。「きらっのすい」はおからのみそ汁のこと。キラキラしたキビナゴが入っているので①や②と思った人も多いのでは？

4 ③よもぎ

「ふっ」とは鹿児島弁でよもぎのことです。「ふっのだご」でよもぎ団子。春のやわらかい若葉を摘んで、ゆでてあくを抜いて団子にします。よもぎは繁殖力がとても強く、邪気を払う神聖な力があると言われます。ちなみに②のカメムシは、鹿児島弁で「ふ」と言います。よもぎとカメムシ、どちらも独特のにおいがありますね。

5 ④二本の刀

ぢゃんぼもちは漢字で書くと「両棒餅」。「ぢゃん」は中国語の二（リャン）がなまったものとされます。一説に、上級武士が二本の刀を差しているさまに似ていることからその名がついたと言われています。

38ページ　郷土料理クイズ

なまえの意味は？

6 ④ちらし寿司

さつますもじ＝鹿児島のちらし寿司という意味。昔から庶民のお祝いの席で出されていた郷土料理です。

7 ②豆腐

「おかべ」という呼び方は一説に、豆腐が白い壁に似ているところに接頭語の「お」をつけた女房詞（にょうぼうことば）と言われています。昔は豆腐を買いに行く時、竹で作った「おかべかご」に豆腐を入れていたそうです。

8 ③葛

「かねんすい」はさつまいもでんぷんの団子が入った汁ですが、もともとは葛粉（くずこ）を使っていました。「かね」は「カンネンカズラ（葛）」が由来とされています。

39ページ　郷土料理クイズ

カツオを活用！クイズ

⑦乗りもの
カツオ型の乗りものはまだ開発されていません。あったら乗ってみたいですね。

①カツオのぼり　子どもたちの健康と水産業の振興を願って飾られます。
②カツオブシ　鹿児島のカツオブシ生産量は全国一です。
③カツオのたたき　カツオの皮を炙って香ばしい香りをつけます。
④茶節　湯呑みにカツオブシ、みそ、すりおろしたショウガを入れて熱いお茶を注ぎます。温まります。
⑤そうめんを食べる　「カツオのひっかけそうめん」と言って枕崎で伝わる食べ方です。
⑥頭にかぶる　枕崎市の学校では新任教員の歓迎会で、教員がカツオの背皮を頭にかぶってカツオのビンタ（頭）料理を食べる風習もあります。

40ページ　動物クイズ

むかし、○○に動物園がありました…

1　③鴨池
昔、現在の鴨池電停前に鴨池動物園がありました。大正5（1916）年に開園。昭和47（1972）年2月に閉園。同年10月に平川動物公園が開園しています。

2　④4番目
鴨池動物園は、上野動物園（東京）、京都市紀念動物園（現・京都市動物園）、天王寺動物園（大阪）に続いて日本で4番目にできた動物園です。

3　①20円
昭和20年代中ごろの入園料は大人20円、子ども10円でした。

42・43ページ　動物クイズ

むかし、○○に動物園がありました…

4　オス　③ドムくん
　　　メス　⑥タイ子ちゃん

タイから日本へ船でやってきた2頭のゾウは、鹿児島大学水産学部に留学経験のあるタイ人が贈ってくれたものです。

5　②51分29秒

昭和31（1956）年6月、時の記念日にゾウのタイ子が動物園から市役所まで歩きました。所要時間は懸賞募集の対象となりました。

6　①オリンピア号

東京オリンピックの年に完成したモノレール・オリンピア号。200mの楕円軌道を2周する乗り物で、迫るような桜島を望むロケーションだったようです。

7　③すべり台

動物園の敷地の外からもよく見えていたシンボル的な塔。もともとは工場の煙突でした。長めで傾斜のあるすべり台が設けられていました。なかなかスリリングな遊具だったようです。

8　③水族館

昭和33年6月1日、鴨池動物園内に水族館が開館しました。入り口の水槽にはヒラメやカメが泳ぎ、20槽の熱帯魚槽や、喫茶軽食堂などもあったようです。

44ページ　動物クイズ

むかし、○○に動物園がありました

9　④足湯

昭和41（1966）年、鴨池動物園でゴーカートの運用が始まりました。このころはティーカップやミラーハウス、飛行塔などがありました。足湯は現在の平川動物公園にあります。

10　④ルース台風

昭和26（1951）年10月14日に串木野付近に上陸。暴風域が非常に広く、鴨池動物園でも動物舎や遊具施設、樹木などに大きな被害が出たとの記録があります。

45ページ　動物クイズ

昔の動物園周辺地図クイズ

1　④ジャングルパーク遊園地

ジャングルパーク遊園地はかつて鹿児島市与次郎にあった遊園地です。ジェットコースターやお化け屋敷、観覧車もあり、子どもたちの歓声が聞こえていました。平成17（2005）年に閉業し、跡地には商業施設のフレスポジャングルパークが開業しました。与次郎ヶ浜はかつては砂浜でしたが、鹿児島市の人口増加により大規模に埋め立てられ、昭和47（1972）年に工事が完成しました。それまでは現在の鹿児島大学水産学部は海の目の前にあったのです。

2　②空港

鴨池空港は、旧海軍基地の跡地を利用して昭和32（1957）年に開港しました。周辺が都市化されたり、手狭になったことから昭和47（1972）年に閉港して、代わりに溝辺に新鹿児島空港が開港します。鴨池空港の飛行機の格納庫もかつては残されていましたが、取り壊されています。現在は鹿児島県庁などが建っています。

46・47ページ　動物クイズ

1972年 平川動物公園オープン！

1 ②札幌オリンピック
札幌オリンピックは昭和47（1972）年の2月に開催されました。①アポロ11号の月面着陸は1969年。③東京ディズニーランドの開園は1983年。④つくば万博は1985年。

2 ②1984年（昭和59年）
1984年10月、オーストラリア・クイーンズランド州からオス2頭のコアラが来園。11月から一般公開が始まりました。

3 ②多摩動物公園（東京都）
　③東山動物園（名古屋市）
1984年に日本で初めてコアラの飼育を始めたのは平川動物園、多摩動物公園、東山動物園の3か所。平川動物園ではその2年後に、日本で初めて飼育下での繁殖に成功しました。

4 ②ネムネム　④はやと
市民レベルでの9年越しの誘致活動の末に来園した2頭のコアラ。公募によりネムネム、はやとと名付けられました。翌年にはメスのコアラ4頭も仲間入りしました。

5 ④グレートポセイドン
昭和62（1987）年、動物公園内の遊園地に大型遊具のグレートポセイドンが完成。現在はなくなっていて、バッテリーカート場となっています。

6 ②しらゆき姫
時計塔から15分おきに登場するのはしらゆき姫。大阪の天王寺動物園にも、とてもよく似た時計塔があります。

48・49ページ　動物クイズ

かごしま×動物

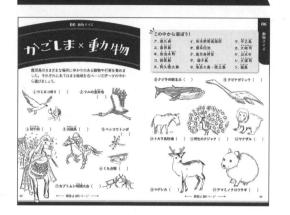

①ソ．甑島

②ケ．出水市

③ク．鹿児島神宮（霧島市）

④イ．照島海岸（いちき串木野市）

⑤オ．藺牟田池

⑥キ．姶良市加治木町

⑦カ．大崎町

⑧サ．南さつま市大浦町

⑨シ．獅子島（長島町）

⑩ウ．中之島（十島村）

⑪コ．硫黄島（三島村）

⑫ア．屋久島

⑬ス．馬毛島（西之表市）

⑭セ．奄美大島・徳之島

50・51ページ　歴史クイズ

西郷どん！クイズ

1 ① 178cm

2 ④ 110kg
遺品の衣類や親戚の証言から身長は約178cm、体重は約110kgと推定されています。

3 ② B型
奄美大島で結婚した妻の愛加那が大切にとっていたとされる毛髪の鑑定結果から、西郷どんの血液型はB型と推定されています。

4 ③ 7人
西郷どんは、薩摩藩の下級武士・西郷吉兵衛の長男で、弟が3人、妹が3人いました。

5 ② 龍郷町
安政の大獄後、西郷どんが藩命により奄美大島に謫居したのはよく知られていますが、降り立ったのは現在の龍郷町になります。住まいは2回変わっており、菊次郎誕生後に建てた新居は明治43年に再建されており、県指定文化財となっています。

6 ③ 菊池源吾
①西郷小吉は西郷どんの幼名。②大島吉之助は沖永良部島への遠島が決まった頃の名前。④西郷隆永は西郷どんの本名です。

7 ② 後藤貞行
上野の西郷銅像の西郷本人の作者は高村光雲ですが、連れている犬の銅像をつくったのは動物彫刻の名手といわれる後藤貞行でした。後藤貞行は高村光雲がつくった皇居前の楠木正成像銅像の作者でもあります。①の安藤照は、鹿児島市城山町の西郷銅像の作者、④の中村晋也は鹿児島市西千石町の大久保利通銅像の作者です。

8 ② 薩摩川内市
現在の薩摩川内市東郷町にある藤川天神に西郷どんが参拝したときにツンと出会ったという逸話があり、その境内にツンの銅像があります。

52・53ページ　歴史クイズ

西郷どん！クイズ

9 ④駄馬落（だばらく）

農作業も好きだった西郷どん。明治維新後、政府の職を辞して鹿児島に帰ったあとは吉野でさつま芋などを作っていました。芋を馬に乗せて帰る途中、馬が足をすべらせて落っこちてしまいました。

10 ①ウ．鰻温泉（うなぎ）
②イ．吹上温泉
③エ．川内高城温泉（たき）
④ア．城山町

11 ④約 1100 坪

西郷武屋敷（たけ）は、元は薩摩藩の寄合家の中屋敷で、所有者から分けてもらった家。高縁（こうえん）の御殿造りで部屋数も多く、庭には大きな松の木が4、5本植わっていたとされています。

12 ①お酒を飲む
③剣術

西郷どんはお酒も焼酎も全く飲めなかったわけではありませんが、苦手だったようです。
少年時代に右ひじにケガをさせられ剣術も断念しています。

②みそをつくる　意外ですが、みそやしょうゆづくりにも積極的でした。自分がつくるというよりも、みんなでつくるときの音頭取りの役目をしていました。

④狩り　太っていた西郷どんは医師からアドバイスを受けて、ダイエットのために犬を連れて野山を駆けて狩りに出かけました。

⑤わらじを編む　手先も器用で狩りをするときのわらじを自分で編（あ）んでいたといいます。わらじづくりに没頭（ぼっとう）しすぎて気づいたら巨大なわらじができていたという逸話もあります。

⑥温泉　温泉大好き！　日当山温泉（ひなたやま）、栗野岳温泉（くりのだけ）、指宿の鰻温泉に薩摩川内市の川内高城温泉など県内各地の温泉に行って体を癒しました。

54・55ページ　歴史クイズ

鹿児島偉人カルタで遊ぼう！

①カ．内務卿　為政晴明　国つくり
大久保利通　明治政府では内務卿になります。座右の銘は「為政晴明」。清廉な政治を心がけました。

②ク．大警視　聲無キニ聞キ　形無キニ見ル
川路利良　明治維新後に東京警視庁の大警視になり「警察手眼」という警察官のバイブルを残しています。

③オ．西郷どんの　思い紡いだ　おごじょ妻
西郷糸　西郷隆盛の3番目の妻です。西郷家を支え、隆盛との間に3人の子をもうけました。

④ウ．日銀の　設立をした　モテ総理
松方正義　日本銀行の設立に貢献して、第4代・6代内閣総理大臣を務めます。子どもが20人以上もいました。

⑤エ．浪高し　Z旗掲げろ　日本海
東郷平八郎　日露戦争の日本海海戦でZ旗を掲げて士気を上げ、ロシア艦隊を破ります。参謀・秋山真之の「本日天気晴朗ナレドモ浪高シ」は有名です。

⑥キ．大阪の　経済救った　大恩人
五代友厚　薩摩藩に海外への留学生派遣を提案して、自らも英国に渡りました。明治維新後は大阪実業界で経済の発展に尽力して「大阪の大恩人」と呼ばれました。

⑦ケ．実方の　剣豪人斬り　半次郎
桐野利秋　吉野村の実方に生まれた剣豪です。「人斬り半次郎」と呼ばれました。明治政府を辞めて鹿児島に帰った西郷を支えますが、西南戦争で戦死します。

⑧ア．女性初！　帝大卒の　農学博士
丹下梅子　子どもの頃に事故で右目を失明するというハンデを抱えながら、東北帝国大学理科大学化学科に進学して、女性初の帝大生となりました。農学博士の学位も受けました。

⑨イ．海軍の　父と呼ばれた　総理大臣
山本権兵衛　数々の軍艦の艦長を歴任して「海軍の父」と呼ばれます。第16代、22代内閣総理大臣を務めました。

⑩コ．龍郷で　菊池源吾と　愛燦燦
愛加那　菊池源吾と名前を変えて奄美大島に潜んだ西郷隆盛の2番目の妻です。周りが恥ずかしくなるほど仲睦まじく、龍郷で愛を育みました。

56・57ページ　山クイズ

桜島クイズ

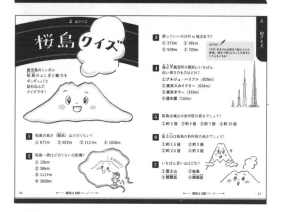

1 ③ 1117m

2 ② 36km
桜島を県道や国道を通って一周すると、その距離は約36km。

3 ① 373m
一般の人が登れるのは湯之平展望所がある373m地点まで。

4 ③ 東京タワー（333m）
湯之平展望所が標高373m。選択肢でいちばん高さが近い東京タワーは地上333m、海抜351mです。

5 ④ 約10倍
西郷隆盛 終焉の地として知られる鹿児島市の城山は標高約107m。桜島は標高約1117mなので約10倍以上の高さになります。

6 ④ 約3.5倍
標高日本一の富士山の高さは3776m。桜島の約3.5倍の高さになります。

7 ③ 開聞岳
富士山の誕生は約10万年前、桜島は約2万6000年前、開聞岳は約3700年前、韓国岳は約1万7000年前。古い順に並べると富士山→桜島→韓国岳→開聞岳となります。

58・59ページ　山クイズ

桜島クイズ

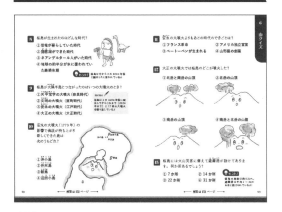

8　④地球の約半分が氷に覆われていた最終氷期

桜島が姶良カルデラの大噴火によって誕生したのは今から約2万6000年前。地球の約半分が氷に覆われていた最終氷期の時代でした。
①の恐竜は6600万年前に絶滅しています。②の琵琶湖は、現在の姿ができたのは約40万年前です。③のネアンデルタール人は約4万年前に絶滅しています。

9　④大正の大噴火

大正の大噴火では上空18000mまで煙が立ちのぼり、太陽の光が遮られて暗闇になるほどだったと言います。火山灰は遠くカムチャッカ半島まで届くほどでした。

10　③新島

新島は江戸時代にあった安永の大噴火で海底が隆起してできた島。桜島高免町の浦之前港から連絡船で渡ることができます。貴重な自然や集落跡が残り、ジオツアーや釣りスポットとして人気があります。

11　①フランス革命

安永の大噴火は江戸時代中期、1779年11月〜1782年にかけて発生したとされています。
①フランス革命1789年
②アメリカ独立宣言1776年
③ベートーベン生誕1770年
④山形屋の創業は宝暦元（1751）年

12　④南岳と北岳の山腹

通常はマグマは同じ通り道（火道）を通って噴火を繰り返しますが、大正大噴火では、マグマの量が多かったために火道を通り切れず、地下で新しい割れ目を作りながら上昇。山頂ではなく山の山腹2方向に巨大な噴火が起こりました。

13　③22か所

桜島火山ハザードマップ（令和5年6月更新）によると、避難港は桜島の周囲に21か所、新島に1か所の合計22か所設けられています。

60ページ　山クイズ

かごしまの山々

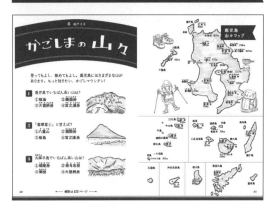

1 ④宮之浦岳(みやのうらだけ)
屋久島の宮之浦岳は標高1936mで九州最高峰。登山家であり作家の深田久弥が自ら日本の山を登り執筆した書籍『日本百名山』にも掲載されています。

2 ②開聞岳(かいもんだけ)
指宿市の開聞岳はその美しい山容から「薩摩富士」とも呼ばれます。現在の番所鼻自然公園(ばんどころばな)(南九州市)の海辺からその姿を眺めた伊能忠敬(いのうただたか)も「天下の絶景なり」と賞賛(しょうさん)しました。日本百名山に選ばれています。

3 ④大箆柄岳(おおのがらだけ)
大箆柄岳は標高1236mで大隅半島の最高峰です。

62・63ページ　山クイズ

かごしまの山々

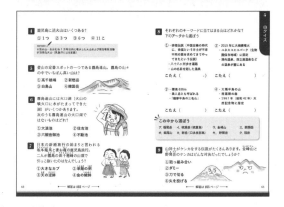

4 ④11
鹿児島には以下の11の活火山があります。

霧島山、米丸・住吉池(姶良市)、若尊(錦江湾奥の海底火山)、桜島、池田・山川(指宿市)、開聞岳(指宿市)、薩摩硫黄島(三島村)、口永良部島(屋久島町)、口之島(十島村)、中之島(十島村)、諏訪之瀬島(十島村)

5 ④韓国岳(からくにだけ)
高千穂峰(たかちほのみね)は1574m、新燃岳(しんもえだけ)は1421m、白鳥山は1363m、韓国岳は1700m。霧島山(霧島連山)と総称され、日本百名山に選ばれています。

6 ②住吉池
住吉池は姶良市にあります。キャンプ場が整備されていて静かな湖畔(こはん)でのキャンプが楽しめます。

7 ③天の逆鉾

1866年に新婚旅行で霧島を訪れた坂本龍馬と妻・お龍。高千穂峰に登り、二人で天の逆鉾を引き抜いたという記録が、姉の乙女に宛てた書簡で確認されています。

8 ①ク. 冠岳

徐福伝説が残るいちき串木野市の冠岳は古代山岳仏教発祥の地で、花見や紅葉狩りスポットとしても親しまれています。

②カ. 新岳（口永良部島）

現在も活発に活動している口永良部島の新岳。平成27（2015）年の大規模爆発では島民全員が屋久島などへ避難しました。避難指示解除となったのは1年1か月後でした。

③ウ. 金峰山

南さつま市にある金峰山は出版社・山と渓谷社が選定した九州百名山のひとつ。山の形が女性の横たわる姿に見えるため、「美人岳」とも呼ばれます。開聞岳、野間岳とともに薩摩半島の三名山に数えられます。

④ア. 稲尾岳

大隅半島南部の稲尾岳は最高峰959mの枯木岳や稲尾神社一帯の総称ですが、通常は稲尾神社のある930mの山を稲尾岳と呼びます。隣の木場岳も含めた一帯は、タブノキ、イスノキ、アカガシが原生の姿をとどめている西日本最大の照葉樹林で、自然環境保全地域、森林生態系保護地域などに指定されています。

9 ④矢を投げる

野間岳と金峰山の山の神様は大変仲が悪く、ある日ケンカになりました。野間岳が投げた石矢が金峰山の左肩に当たったため金峰山は片方が低くなりました。負けじと金峰山はススキの矢を投げて、野間岳の右目に刺さった、という伝説があります。山同士の争いの伝説はたくさんあり、冠岳と金峰山が争ったという話も言い伝えられています。

64ページ 島クイズ
かごしまの島々

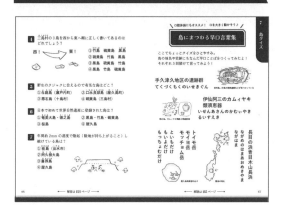

1 ②与論島(よろんとう)

2 ④獅子島(ししじま)（長島町）

3
A ④中之島(なかのしま)
B ②諏訪之瀬島(すわのせじま)
C ⑦悪石島(あくせきじま)
D ⑤宝島(たからじま)

66ページ 島クイズ
かごしまの島々

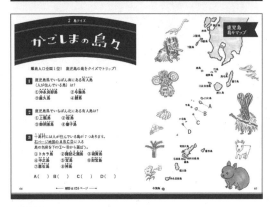

4 ③黒島(くろ) 硫黄島(いおうじま) 竹島(たけ)

5 ④硫黄島
硫黄島では野生のクジャクが闊歩(かっぽ)する風景を目にすることができます。

6 ④屋久島
平成5（1993）年12月11日、屋久島は東北地方の白神山地とともに、日本で初めて世界自然遺産に登録されました。

7 ③喜界島(きかいじま)
奄美大島から東に約25kmの場所に位置する喜界島は、現在でも年平均約2mmの速度で隆起(りゅうき)を続けています。

67ページ　島クイズ

島にまつわる早口言葉集

手久津久地区の遺跡群
てくづくちくのいせきぐん

喜界島南東部の手久津久地区集落周辺には貴重な遺跡が複数発見されていて、縄文時代後・晩期や近世などその時代は様々です。

伊仙阿三のカムィヤキ類須恵器
いせんあさんのかむぃやきるいすえき

徳之島の伊仙町阿三地区に「徳之島カムィヤキ陶器窯跡」という国指定史跡があります。カムィヤキは、その色調や製作技法から「類須恵器」とも言われています。

トイモ岳モイヨ岳モッチョム岳
といもだけもいよだけもっちょむだけ

屋久島は標高1000m以上の山だけでも39座以上ある山の島。トイモ岳は1054m、モイヨ岳は614m、モッチョム岳は940mの山々。

長目の浜遠目木山長浜
ながめのはまとおめきやまながはま

「長目の浜」は島津久光も褒め称えた景勝地。「遠目木山」は上甑島でいちばん高い山。「長浜」は下甑島の海の玄関口。

68・69ページ　島クイズ

ちょっと気になる島ネタあれこれ

1 ③加計呂麻島（かけろまじま）

色白の肌に青い制服が目を引く、加計呂麻島伊子茂（いこも）集落のおまわりさんのオブジェ。ぜひ会いに行ってみてください。

2 ②喜界島の伝統でソーメンを奪い合う奇祭

喜界島中里集落で100年以上続いているという伝統行事「ソーメンガブー」。群衆に向かって投げ入れられたソーメンを手に入れるとご利益があるとされています。人が取ったものを奪い取ってもOKなんだとか。

3 ⑥喜界島　⑦沖永良部島　⑧与論島

奄美群島でハブがいる島といない島がある理由は諸説あります。一説には、隆起珊瑚礁（さんごしょう）でできた低い島は、海面上昇により海中に沈んだ際にハブが滅んだと言われています。

4 ②「船の舵が引っかかった丘」を意味する与論島発祥の地

ハジピキパンタ（舵引き丘）は、与論町朝戸にある見晴らしのいい丘。はるか昔、二人の神が乗った船の舵が浅瀬に引っかかり下り立ってみると、珊瑚礁が盛り上がって与論島が生まれたという神話がその名の由来です。

5 ②笠石海浜公園

鹿児島県の離島にはユリの名所がいくつかあります。ユリの花をモチーフにした設問のシンボルタワーは沖永良部島和泊町の笠石海浜公園にあり、頂上階からはサンゴ礁が広がる美しい海や公園内に咲き誇るエラブユリ（4月中旬～5月初旬頃）が見渡せます。

70・71ページ　島クイズ
ちょっと気になる島ネタあれこれ

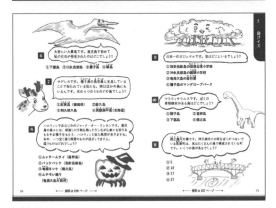

6 ③獅子島

鹿児島県最北端の有人島・獅子島は、日本有数の化石の産地。トリゴニア（三角貝）やアンモナイトのほか、クビナガリュウや翼竜の化石も発見されています。

7 ③阿久根大島

人気のマリンスポットとして夏場多くの人で賑わう阿久根大島。生息する野生シカは戦前に馬毛島から移入されたマゲシカの子孫と言われています。

8 ③亀徳ネンケ

③亀徳ネンケは、徳之島町の亀徳地区伝統の水掛け祭り。洗面器やバケツ、水鉄砲などで互いに水を掛け合い、大いに盛り上がります。

9 ②沖永良部島の国頭小学校

国頭小学校にあるガジュマルは、高

さ7m、幹回り6.33m、枝張りは22.5mもあります。

10 ③下甑島

甑島では、大型で長い首を持つ竜脚類恐竜の歯の化石が2012年に見つかりました。歯の大きさから全長約10mの竜脚類が恐竜時代の甑島に生息していたと推測されています。下甑島の甑ミュージアムには、比較標本としてマラウィサウルスの大型骨格標本が設置されています。

11 ④27

長島町は大小27の島々で構成されるまち。昭和49（1974）年に黒之瀬戸大橋が開通し阿久根市と繋がりました。

72ページ　乗り物クイズ

かごしまのレールウェ〜イ♪鉄道クイズ

1 ④鹿児島－国分

明治34（1901）年、鹿児島〜国分間に鹿児島で初めての鉄道が開通しました。当時の国分駅は現在は隼人駅になっています。

2

薩摩大川 — 肥薩おれんじ鉄道
広木 — 指宿枕崎線
霧島神宮 — 日豊本線
嘉例川 — 肥薩線
鶴丸 — 鹿児島本線
大隅夏井 — 日南線
薩摩板敷 — 指宿枕崎線

鹿児島の鉄道おさらい

【肥薩線】
熊本（肥後）〜鹿児島（薩摩）を結ぶ路線。日豊本線の隼人から分岐して吉松・人吉を通り、鹿児島本線の八代に至ります。トンネルやスイッチバック、ループ線など難工事の末に開通しました。

【鹿児島本線】
鹿児島から川内、八代、熊本、博多などを経て北九州市の門司港まで、九州を縦断する大幹線。

【日豊本線】
鹿児島駅から隼人、国分を経て、宮崎、大分を経由し小倉まで続く路線。昔は東京行き寝台特急が走っていました。

【指宿枕崎線】
鹿児島中央駅から錦江湾沿いに南下し、指宿や山川を通って枕崎へ至ります。JR日本最南端の駅「西大山駅」が有名です。

【吉都線】
肥薩線の吉松から日豊本線の都城を結ぶ路線。

【日南線】
志布志から日豊本線の南宮崎を結ぶ路線。

【肥薩おれんじ鉄道】
第3セクター鉄道会社として平成14（2002）年に設立。平成16（2004）年の九州新幹線新八代〜鹿児島中央間開通とともに川内〜阿久根〜水俣間の運営を継承し開業しました。

昔活躍していた路線たち！

【山野線】
肥薩線の栗野から鹿児島本線の水俣を結んでいた路線。昭和63（1988）年1月に廃止。

【宮之城線】
交通が不便だった川内川流域に沿うように開設された路線。永野金山で周辺が栄えた薩摩永野はスイッチバック運転の駅として有名でした。昭和62（1987）年1月に廃止。

【志布志線】
日豊本線の西都城から末吉、岩川、伊崎田、と南下し志布志まで続いていた路線。昭和62（1987）年3月に廃止。

【大隅線】
志布志線の志布志から鹿屋、垂水を経て大隅半島を横断し、鹿児島湾沿いに日豊本線の国分へと至っていた路線。昭和62（1987）年3月に廃止。

【南薩鉄道→鹿児島交通（枕崎線・知覧線・万世線）】
『南鉄』の愛称で親しまれていた県内唯一の私鉄・南薩鉄道です。昭和39（1964）年に社名が鹿児島交通になります。鹿児島本線の伊集院から吹上浜に沿うように下り、加世田、枕崎へと至る路線でした。阿多から知覧までを結ぶ知覧線、加世田から薩摩万世をつなぐ万世線の2つの支線も擁していました。昭和59（1984）年3月に廃止されました。

74・75ページ　乗り物クイズ

かごしまのレールウェーイ♪ 鉄道クイズ

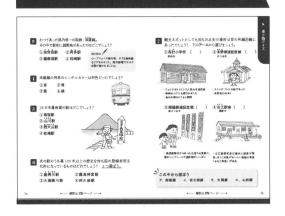

3 ③薩摩湖駅

薩摩湖駅から改札を出て遊歩道を進むとさつま湖遊園地がありました。園内にはロープウェイの発着場があり、薩摩湖やバラ園、湖畔に植えられた12万本のツツジを望む、約5分間の空中散歩が楽しめたそうです。

4 ①赤

大正3（1914）年の開業当時は黒の蒸気機関車だった南薩線。昭和27（1952）年からは赤の車体に青や黒のラインが入ったディーゼルトレインが、甘藷畑や松林の広がるのどかな風景の中を駆け抜けていました。

5 ③西大山駅

指宿市山川にある西大山駅はJR日本最南端の駅。開聞岳を近くに望むロケーションの良さも相まって人気の観光スポットとなっています。

6 ①嘉例川駅　③大隅横川駅

嘉例川駅と大隅横川駅はいずれも明治36（1903）年に営業を開始した駅。築100年以上の駅舎はノスタルジックな雰囲気がいっぱい。

7 ①エ．山野線

布計小学校は旧山野線沿線の薩摩布計駅近くにありました。布計金山と盛衰を共にし、昭和54（1979）年に閉校しています。ノスタルジックな木造校舎が現存していて映画のロケ地になったり、フォトスポットとしても人気があります。

②イ．宮之城線

永野鉄道記念館は旧宮之城線の薩摩永野駅跡地にあります。薩摩永野駅はスイッチバック運転の駅でした。懐かしいホームの跡や線路、車両も保存されています。

③ア．南薩線

南さつま市の中心地・加世田のバスターミナルに隣接して設けられた南薩鉄道記念館。実際に使用されていた制服や看板、車両部品など貴重な資料、展示物が数多く並んでいます。

④ウ．大隅線

かつての国鉄大隅線古江駅跡は、古江鉄道記念公園として整備され、駅舎が当時の配置で残っています。

76・77ページ　乗り物クイズ

ちょこっと市電クイズ

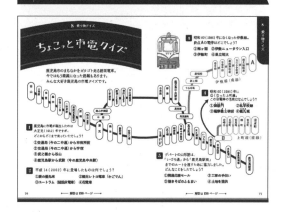

1　③武之橋から谷山

大正元（1912）年12月1日、全国で28番目の電車が鹿児島市に誕生しました。武之橋～谷山間6.4kmを、木造の単車7両で営業していました。

2　③ユートラム

鹿児島市交通局初の超低床電車です。ベビーカーや車イスもスムーズに乗り降りできます。
①「愛の優先席」は、からだの不自由な人やお年寄りなどが気兼ねなく利用できるように昭和48（1973）年に導入されました。②のかごでん導入は平成24（2012）年～令和3（2021）年。④の花電車登場は昭和54（1973）年。おはら祭りの時期に合わせておはら節を流しながら運行されます。

3　③伊敷町

昭和60（1985）年9月まで活躍していた市電伊敷線。加治屋町から3.9kmの路線で、その終点は「伊敷町」でした。交通渋滞の解消を目的に廃止となりました。

4　②私学校跡

市電伊敷線と同様、市電上町線も昭和60年9月に廃止となりました。上町線は朝日通（昭和23（1948）年以降は市役所前から分岐）～清水町までの全長約2.2km。いずれの路線も最終日には多くの人が別れを惜しみました。

5　④土地を提供

いづろ通～朝日通間は、現在の通りよりもひとつ東側の広馬場通りに路線を建設予定でした。しかし周辺店舗の反対が強かったため、山形屋が現在の通り周辺の敷地を提供したというエピソードがあります。当時の山形屋はいまの店舗の裏側（西側）を表玄関にしていましたが、市電の通る東側を表玄関に向け直し、発展しました。

78・79ページ　乗り物クイズ

なつかしき西駅クイズ

1 ②鹿児島中央駅

2004年に九州新幹線（新八代〜西鹿児島）が開通することになり、西鹿児島駅の新しい駅名が公募され、いちばん多かった「鹿児島中央駅」に決まりました。他にも新鹿児島駅、鹿児島セントラル駅、さつま駅などの案があったそうです。

2 ③武(たけ)駅

鹿児島中央駅、西鹿児島駅の前身である武駅は、大正2（1913）年、東市来駅〜鹿児島駅間（当時の川内線）が開通したのに伴い設置されました。周辺にはまだ田んぼが広がっていた時代です。昭和2（1927）年に駅名を西鹿児島駅に改めました。

3 ③ざぼんラーメン

昭和27（1952）年には「西鹿児島駅構内食堂」という名前で店を構えていたざぼんラーメン。駅が鹿児島中央駅に建て替わってからも、駅と直結しているぐるめ横丁で歴史を刻み続けています。

4 ③富士

①「あかつき」「なは」は新大阪〜西鹿児島間、「カシオペア」は上野〜札幌間をかつて走っていた寝台特急列車です。

80ページ 乗り物クイズ
島々をつなぐ船・船・船！

1 ②約15分
桜島フェリーの運行時間は約15分。気象や海の状況で20分程度かかることもあります。

2 ①約5km
鹿児島港から桜島の裾野にある桜島港まで約5kmの距離。鹿児島市は、活火山と人口約60万人の都市が近距離に位置する、世界でも珍しいまちです。

82・83ページ 乗り物クイズ
島々をつなぐ船・船・船！

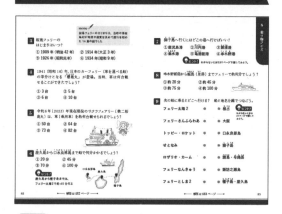

3 ④1934年（昭和9年）
昭和9年当初は白浜〜鹿児島間15銭、赤生原〜鹿児島間10銭で運行されていました。

4 ①3台
昭和19（1944）年、車も搭載可能な櫻島丸が造られました。貨物自動車を3台まで載せることができました。

5 ②64台
サクラフェアリー（第二桜島丸）は平成27（2015）年3月に竣工しました。旅客定員は600名、車両積載能力は乗用車64台です。

6 ④100分
口永良部島へは、屋久島・宮之浦港から出る町営船フェリーで行くことができます。屋久島〜種子島間よりも長時間の船旅になります。

84ページ　全市町村クイズ

県内43市町村 キーワードクイズ

1 （南九州）市
南九州市はお茶の生産量県内一を誇るまち。手入れされた茶畑が広がる景観は圧巻です。また、川辺地区は全国屈指の仏壇・仏具の産地です。

2 （大崎）町
大崎町には国指定史跡の横瀬古墳（墳長137m、高さ10.5m）があります。カブト虫相撲大会は自然豊かな大崎町の夏の風物詩です。

3 （長島）町
長島町は研究者による実地調査や古書の探索などから「温州みかん発祥の地」とされています。マンダリンセンターでは、みかんの歴史を学ぶことができます。

7 ③諸浦港
獅子島へは、長島町の諸浦港からフェリーで渡ることができます。

8 ③約75分
甑島へは串木野新港からフェリーで約75分。川内港からだと高速船で約50分で行くことができます。

9

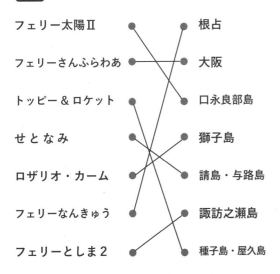

フェリー太陽Ⅱ — 獅子島
フェリーさんふらわあ — 大阪
トッピー＆ロケット — 種子島・屋久島
せとなみ — 口永良部島
ロザリオ・カーム — 請島・与路島
フェリーなんきゅう — 根占
フェリーとしま2 — 諏訪之瀬島

86・87ページ　全市町村クイズ

県内43市町村 キーワードクイズ

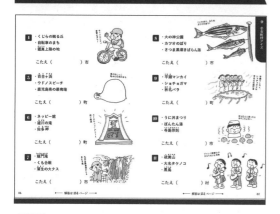

日本ユネスコ協会連盟の「プロジェクト未来遺産」に認定されています。蒲生の大クスは昭和63年度に環境庁の調査で日本一の巨樹と証明されました。

8 （枕崎）市
カツオのまち枕崎市。子どもの日には「こいのぼり」ならぬ「カツオのぼり」が揚がります。「さつま黒潮きばらん海」は当地の夏のビッグイベント。

9 （龍郷）町
「平瀬マンカイ」と「ショチョガマ祭り」は龍郷町で受け継がれている「秋名アラセツ行事」の二つの祭事。国の重要無形民俗文化財に指定されています。

4 （南さつま）市
平成14（2002）年、旧大浦町の小湊干拓海岸に14頭のクジラが座礁していました。「くじらの眠る丘」は、その出来事から生き物の命の尊さを伝えるために設けられました。

5 （与論）町
鹿児島県の最南端で、県本土よりも沖縄に近い与論町。大金久海岸の沖合約1.5kmにある百合ヶ浜は、潮の満ち引きによって現れる「幻の砂浜」として有名です。

10 （阿久根）市
海産物が豊富な阿久根市。ムラサキウニの最盛期に合わせて開催されるウニ丼祭りが人気です。湯船にぼんたんを浮かべる「ぼんたん湯」は当地の冬の風物詩。

6 （南大隅）町
南大隅町は県本土最南端のまち。佐多岬には北緯31度線のモニュメントがあります。ネッピー館は物産館を併設した温泉・宿泊施設です。

11 （三島）村
硫黄岳は三島村硫黄島の活火山。令和6（2024）年現在も盛んに噴煙を上げています。黒島は、その地形や貴重な植生から「ミニ屋久島」とも称されています。

7 （姶良）市
姶良市加治木町に伝わるクモ合戦は

88・89ページ　全市町村クイズ

県内43市町村 キーワードクイズ

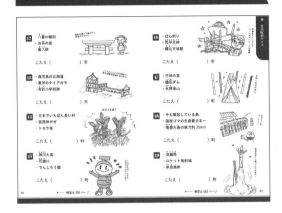

12 （鹿児島）市
八重の棚田は旧郡山町、お茶の里は旧松元町、喜入駅は旧喜入町にあります。この3つの町は平成の大合併で鹿児島市となりました。

13 （伊佐）市
山々に囲まれた大口盆地を持つ伊佐市は冷気がたまりやすく、冬の最低気温が氷点下になることもあり「鹿児島の北海道」と言われています。

14 （十島）村
南北約160kmに島々が点在する十島村は「日本でいちばん長い村」。悪石島の仮面神「ボゼ」が有名でユネスコの無形文化遺産のひとつに認定されています。

15 （錦江）町
豊かな自然が多く残る錦江町。神川大滝公園や、ニジマス釣りやキャンプなどが楽しめる花瀬自然公園など、自然に親しめるスポットが充実しています。

16 （鹿屋）市
年間10万人近くの人が訪れ、8haの面積を誇る「かのやばら園」がある鹿屋市。例年春と秋に「ばら祭り」が開催されます。輝北地区は美しい星空が見られる場所として有名です。

17 （さつま）町
竹林面積日本一を誇る鹿児島県。中でもさつま町は竹林の里として知られています。鶴田ダムは九州最大級の重力式コンクリートダム。見学ツアーが人気です。

18 （喜界）町
喜界島は年平均約2mmの速度で隆起している珊瑚礁の島で、その隆起速度は世界トップクラスと言われています。

19 （肝付）町
肝付町の四十九所神社では、900年続く流鏑馬が今でも受け継がれています。また、内之浦地区の宇宙空間観測所にはロケット発射場があり、小惑星探査機「はやぶさ」のふるさととして有名です。

90・91ページ　全市町村クイズ

県内43市町村 キーワードクイズ

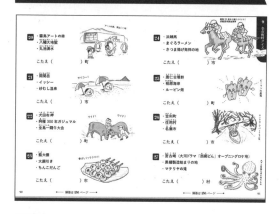

20 （湧水）町
霧島アートの森は、実は湧水町にあります。また、湧水町の栗野岳には九州有数の面積を誇る噴気孔（八幡大地獄）があります。

21 （指宿）市
イッシーは池田湖に生息するとされるUMA（未確認生物）で湖畔にオブジェがあります。指宿の天然砂むし温泉は世界的にも珍しく観光客に人気です。

22 （伊仙）町
伊仙町には屋根付きの闘牛場「なくさみ館」があり、徳之島で一番大きな闘牛大会である「徳之島全島一闘牛大会」が開催されます。

23 （薩摩川内）市
甑大橋は、令和2（2020）年8月に開通した上甑エリアと下甑エリアをつなぐ県内最長の橋。川内大綱引は2024年3月に国の重要無形民俗文化財に指定されました。

24 （いちき串木野）市
浜競馬は例年照島海岸で開催されている当地の春の風物詩。遠洋マグロ漁船の船籍数が日本有数のまちで、ご当地グルメのまぐろラーメンも有名です。

25 （東串良）町
5世紀の初めごろから作られ始めたとされる唐仁古墳群は130基以上もの古墳を有する県内最大級の古墳群です。柏原海岸のルーピン畑は例年4月が見頃です。

26 （奄美）市
旧笠利町、旧住用村、旧名瀬市が合併して誕生した奄美市。金作原やマングローブの森など豊かな自然を残す世界自然遺産の島・奄美大島の中心都市です。

27 （大和）村
大和村は、中国で黒糖製造技術をひそかに学び、サトウキビの苗を命がけで持ち帰った直川智の出身地で、黒糖製造始まりの地として知られています。直川智の功績をたたえる「すなおにキビキビ体操」もオール大和村で制作されました。

92・93ページ 全市町村クイズ

県内43市町村 キーワードクイズ

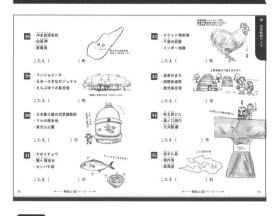

28 (知名)町
沖永良部高校があるのは知名町。知名町には東洋一の美しさと言われる鍾乳洞の昇竜洞やケイビングで人気の銀水洞などもあります。

29 (和泊)町
沖永良部空港(えらぶゆりの島空港)があるのは和泊町。ワンジョビーチは白い砂浜とエメラルドグリーンの海が広がる絶景地です。

30 (出水)市
出水市の武家屋敷群は約400年前の町割が今もほとんど変わらない姿で残っており、国の重要伝統的建造物群保存地区に選定されています。

31 (垂水)市
地元のご夫婦が昭和53(1978)年から開墾して育てた千本イチョウ園は、シーズンになるとまるで映画のワンシーンのような景色を成し、観光名所となっています。

32 (南種子)町
JAXAの種子島宇宙センターは南種子町にあります。千座の岩屋は荒波に削られてできた海食洞窟で、干潮時のみ中に入ることができます。

33 (霧島)市
鹿児島空港があり、また温泉のまちとして知られる霧島市。昭和55(1980)年からスタートした霧島国際音楽祭には国内外から名だたる演奏家や受講生が集まります。

34 (曽於)市
弥五郎どんは、県下三大祭りの一つ・弥五郎どん祭りに登場する身の丈4m85cmの大男の人形です。浜下りの様子を見ようと例年多くの観光客で賑わいます。

35 (宇検)村
宇検村は湯湾岳の麓にある村で、焼内湾を取り囲むように14の集落があります。背後には生物多様性の宝庫・湯湾岳、目の前には美しい海が広がっています。

94・95ページ　全市町村クイズ

県内43市町村 キーワードクイズ

36 (西之表) 市
鉄砲伝来の地として有名な種子島。西之表市では例年8月に鉄砲まつりが開催されます。鉄浜(かねはま)海岸は砂浜に砂鉄が多く含まれていることが名前の由来だそう。

37 (日置) 市
妙円寺(みょうえんじ)詣りは、関ヶ原(せきがはら)の戦いで敵中突破(ちゅうとっぱ)を果たした島津義弘(しまづよしひろ)を偲(しの)んで行われる鹿児島三大行事のひとつ。日置市の美山地区には薩摩焼の窯元(かまもと)が多くあり「薩摩焼の里」と言われています。

38 (屋久島) 町
屋久島町には、世界自然遺産の島・屋久島と、その西方約12kmに位置する口永良部島があります。屋久島の宮之浦岳(みやのうらだけ)は九州最高峰の山です。

39 (瀬戸内) 町
奄美大島南部に位置する瀬戸内町。大島海峡を隔てて加計呂麻(かけろま)島、さらに南には請島(うけじま)、与路島(よろじま)といった島々があります。

40 (徳之島) 町
徳之島の北端にある金見崎(かなみさき)。ソテツトンネルを抜けた先には絶景が望めます。畦(あぜ)プリンスビーチは昭和47(1972)年に当時の皇太子殿下と美智子妃殿下が訪れたことからその名が付けられました。

41 (志布志) 市
さんふらわあは、志布志市と大阪をつないでいる長距離フェリー。志布志市のお釈迦(しゃか)まつりは、新婚夫婦の花嫁を乗せたシャンシャン馬の行列が名物です。

42 (中種子) 町
中種子町は「ロボティクス・ノーツ」や「秒速5センチメートル」などのアニメの舞台となった町で、アニメの聖地としても人気です。

43 (天城) 町
徳之島空港は天城町にあります。ムシロ瀬はムシロを敷き詰めたような巨岩が連なる海岸です。

96ページ　全市町村クイズ

市町村合併クイズ

① **出水市** ＝ 野田町・出水市・（**高尾野**）町

② **薩摩川内市** ＝ 川内市・東郷町・祁答院町・（**入来**）町・（**樋脇**）町・里村・上甑村・鹿島村・下甑村

③ **南さつま市** ＝ 加世田市・笠沙町・坊津町・（**大浦**）町・（**金峰**）町

④ **指宿市** ＝ 指宿市・開聞町・（**山川**）町

⑤ **鹿屋市** ＝ 鹿屋市・輝北町・（**串良**）町・吾平町

⑥ **霧島市** ＝ 国分市・溝辺町・（**隼人**）町・横川町・牧園町・（**霧島**）町・福山町

⑦ **奄美市** ＝ 名瀬市・笠利町・（**住用**）村

おまけ ぬりえ　自由に楽しくぬりましょう。

垂水人形

薩摩切子

オッのコンボ

鯛車

薩摩焼　　　　　　　　　　帖佐人形

あとがき

　『みんなの鹿児島クイズ』を最後までお楽しみいただきありがとうございます。ここでは、本書制作のきっかけを綴らせていただきたいと思います。

　私は大学卒業後上京して営業職をしていましたが、鹿児島で情報誌の仕事がしたくて2年弱で故郷へ帰ってきました。地元タウン誌の編集スタッフ、その後フリーランスのライターとして約16年。観光パンフレットや移住サイトなどの記事制作などを通して、鹿児島各所を取材する機会を多く頂いてきました。

　その一方で、祖母を認知症ののちに亡くした経験から介護の現場にも興味を持ち、30代の中頃には高齢者福祉施設で働くご縁を得ました。デイサービスで脳トレを担当したとき、これまで鹿児島を取材してきた自分の経験を生かして、利用者さんの記憶に響くような、鹿児島のクイズを出してみようと思いました。

　「鹿児島には活火山がいくつあるでしょう？」……答えを言うと、利用者さんたちだけでなく、職員も「へぇ！」と驚いて楽しんでくれている気がしました。そんな経験が、この本を創ろうと思ったきっかけです。

　鹿児島のクイズ本をつくりたいと高校の同級生でもある燦燦舎代表の鮫島亮二さんに相談すると「一緒につくろう」と力を貸していただけることになりました。制作が始まってからはや5年。最初のうちは完成までが途方もなく感じて、時には諦めそうになることもありましたが、なんとかここまで辿りつくことができました。

　本書の制作にあたりお力添えくださったNPO法人まちづくり地域フォーラム・かごしま探検の会の東川隆太郎さん、歴史家の下豊留佳奈さん、NPO法人霧島食育研究会の千葉しのぶ先生、カバーデザインや地図制作に尽力くださったデザイナーのことうのぞみさん、丁寧な校正をしてくださったbooks selvaの杣谷健太さん、文字だけの原稿にイラストの力で生き生きとあたたかい命を吹き込んでくださった美術作家のさめしまことえさん、そして本の完成まで長く伴走し導いてくれた鮫島さんに、心から感謝の意を表したいと思います。

奥脇真由美

参考文献

鹿児島商工会議所『増補改訂版かごしま検定 鹿児島観光・文化検定公式テキストブック』(南方新社、2015)

新名一仁『「不屈の両殿」島津義久・義弘 関ヶ原後も生き抜いた才智と武勇』(KADOKAWA、2021)

南日本新聞社『写真と年表でつづる鹿児島戦後50年』(南日本新聞社、1995)

鹿屋市教育委員会編集『かのや風土記 鹿屋学入門』(鹿屋市教育委員会、2023)

南日本新聞社編纂『鹿児島市史5』(鹿児島市、2015)

石垣悟監修『来訪神ガイドブック』(来訪神行事保存・振興全国協議会事務局、2021)

シャルル・フレジェ『YOKAI NO SHIMA 日本の祝祭 万物に宿る神々の仮装』(青幻舎、2016)

東川隆太郎、さめしまことえ、NPO法人かごしま探検の会監修『鹿児島田の神すごろく そしてちょこっと宮崎へ』(燦燦舎、2022)

加治木義博『鹿児島方言小事典』(南日本新聞開発センター、1977)

牛留致義『かごしま文庫2「かごしま語」の世界』(春苑堂出版、1991)

高城書房編集部『かごっま弁辞典』(高城書房、1997)

坂田勝『かごしま弁入門講座』(南方新社、2007)

千葉しのぶ『はじめての郷土料理 鹿児島の心を伝えるレシピ集』(燦燦舎、2020)

千葉しのぶ『かごしま食歳時記 上巻 一月から六月の料理』(燦燦舎、2022)

千葉しのぶ『かごしま食歳時記 下巻 七月から十二月の料理』(燦燦舎、2022)

枕崎カツオマイスター検定委員会『カツオ学入門 枕崎カツオマイスター検定公式テキスト』(筑波書房、2011)

川原勝征『山菜ガイド 野草を食べる』(南方新社、2005)

南日本新聞社『用と美 南日本の民芸』(未来社、1966)

黙遥社編『思い出の鴨池動物園』(黙遥社、1989)

鹿児島市平川動物園編『平川動物公園 開園50周年記念誌』(鹿児島市公園公社、2022)

原口泉『西郷どんとよばれた男』(NHK出版、2017)

原口泉『西郷隆盛53の謎 知っているようで知らない「せごどん」の真実』(海竜社、2017)

東川隆太郎、さめしまことえ『西郷どん!まるごと絵本』(燦燦舎、2017)

西田実『大西郷の逸話』(南方新社、2005)

下豊留佳奈、さめしまことえ、原口泉監修『鹿児島偉人カルタ55』(燦燦舎、2020)

NPO法人桜島ミュージアム、さめしまことえ『桜島!まるごと絵本』(燦燦舎、2014)

NPO法人桜島ミュージアム『みんなの桜島』(南方新社、2011)

川野秀也、伊波卓也、羽根田治、松島昭司、林秀美、与儀豊『分県登山ガイド45 鹿児島県・沖縄県の山』(山と溪谷社、2018)

久木田未夫『かごしま文庫64 鹿児島の鉄道・百年』(春苑堂出版、2000)

南日本新聞社『各駅停車 全国歴史散歩47 鹿児島県』(河出書房新社、1981)

水元景文『鹿児島市電が走る街 今昔』(JTBパブリッシング、2007)

蔵満逸司『鹿児島もの知りクイズ350問』(南方新社、2009)

昭文社『県別マップル46 鹿児島県道路地図』(昭文社、2023)

ふるさと元気風ネット『鹿児島の方言』
https://www.osumi.or.jp/sakata/hougen/osumi/osumitango.htm

鹿児島弁ネット事典
https://kagoshimaben-kentei.com/jaddo/

平川動物公園の概要
https://hirakawazoo.jp/wp/wp-content/uploads/2022/09/gaiyo_h28.pdf

国土交通省国土地理院『鹿児島県の山』
https://www.gsi.go.jp/kihonjohochousa/kihonjohochousa41186.html

内閣府防災情報「2015年(平成27年)口永良部島噴火による災害」
https://www.bousai.go.jp/kaigirep/houkokusho/hukkousesaku/saigaitaiou/output_html_1/pdf/201501.pdf

鹿児島市交通局「鹿児島市交通局の沿革」
https://www.kotsu-city-kagoshima.jp/about/

鹿児島市船舶局『桜島フェリー就航80周年記念誌』
https://www.city.kagoshima.lg.jp/sakurajima-ferry/gaiyo/documents/sakurajima-f80thbook.pdf

作　奥脇 真由美（おくわき・まゆみ）
1977年鹿児島市生まれ。鹿児島大学法文学部法政策学科卒業後、広告代理店営業や、タウン誌編集スタッフなどを経てフリーランスのライターに。観光ガイドブックやパンフレット、移住関連サイトの製作に携わる中で県内各地の観光スポットや伝統文化などを知るようになる。ライターの傍ら福祉業界にも足を踏み入れ、高齢者福祉施設で介護士を6年間経験。介護福祉士資格を取得し、現在は障害者福祉施設支援員。

絵　さめしまことえ
1979年静岡県生まれ。2006年より鹿児島県在住。多摩美術大学美術学部情報デザイン学科卒業。美術作家。書籍等のイラストを多く手掛ける。現代アート作品制作、子ども向け工作ワークショップの講師も行う。主な展覧会に「SA・KURA・JIMA プロジェクト 2007」（鹿児島・桜島）、「別府現代芸術フェスティバル 2009 混浴温泉世界」国内展（大分・別府）、「KOTOBUKI クリエイティブアクション 2008」（横浜・寿町）、2021年「生きる私が表すことは。鹿児島ゆかりの現代作家展」長島美術館（鹿児島）、2024年「『なんで騒ぐか』展」レトロフト Museo（鹿児島）他。共著に『桜島！まるごと絵本』『西郷どん！まるごと絵本』『鹿児島田の神すごろく』（以上、燦燦舎）他。

みんなの鹿児島クイズ
なつかしあたらし307問！

2024年12月22日　第1刷発行
2025年5月20日　第2刷発行

著　者　奥脇 真由美
　　　　さめしまことえ
発行者　鮫島亮二
発行所　燦燦舎
　　　　〒891-1201
　　　　鹿児島市岡之原町1138-2
　　　　電話　099-248-7496
　　　　振替口座　01740-8-139846
　　　　https://www.san-san-sha.com
　　　　info@san-san-sha.com

装　丁　ことうのぞみ
印　刷　シナノ書籍印刷株式会社

ISBN978-4-907597-17-7　C0030
©2024 Mayumi Okuwaki　Kotoe Sameshima　Printed in Japan

定価はカバーに表示しています。
乱丁・落丁はお取り替えいたします。
本書の電子データ化など無断複製を禁じます。
燦燦舎の本の売上の一部は、子どもたちの人権や、平和を守る活動に寄付されます。